峠

港

豊前国苅田
歴史物語

小野剛史
Ono Takeshi

花乱社

周防灘に浮かぶ海上空港・
北九州空港（苅田町提供）

石塚山古墳。手前の六角形
の屋根が苅田町歴史資料館
（苅田町教育委員会提供）

苅田山笠

鬼の唐手岩

等覚寺の松会，幣切り神事

◀青龍窟（本田茂氏撮影）

足立山
九州道
周防灘
北九州空港
下曽根
小倉東IC
日豊本線
北九州空港連絡道路
毛無島
東九州自動車道
トヨタ自動車九州
㈱苅田工場
25
松山城跡
朽網
松山城自然歩道
北九州市
苅田港本港
苅田北九州
空港IC
里程標
神ノ島
堤
等覚寺
特産品加工場
稲荷山
甚五郎の墓
苅田
宇原神社
苅田港南港
相圓寺
貫山
殿川ダム
苅田町役場
京都峠
歴史資料館，石塚山古墳
64
青龍窟
山口ダム
254
新浜町
高城山
10
本谷
平尾台
白山多賀神社
御所山古墳，白庭神社
塩釜神社
白石海岸
小波瀬
西工大前
京都郡苅田町
志津摩桜
二先山
蓑島山
長峡川
今川
行橋市
行橋

図１　苅田町略図

豊前国苅田歴史物語◉目次

序章　物語を歩く……神ノ島と青龍窟を結ぶ豊玉姫　9

第一章　戦国「城」の物語……堅固第一——豊前松山城攻防戦　31

第二章　幕末「峠」の物語……倉兵剽悍——小倉戦争狸山の陣　99

装丁／design POOL

序章

物語を歩く

神ノ島と青龍窟を結ぶ豊玉姫

京都郡苅田町。

素直に読めば、キョウト郡カリタ町でしょうか。実際はミヤコ郡カンダ町と読みます。福岡県の東部、北九州市小倉南区と行橋市にはさまれた人口約三万六千人、面積約四六・六平方キロメートルの小さな町です。町の形はやや東西に長い楕円形で、東は周防灘に面し、西は平尾台に連なっています。

苅田町は工業港湾都市です。日産とトヨタの両工場が並存する自動車の町。苅田港は国際貿易港で、九州屈指の貿易高を誇ります。

一方、古墳の町でもあります。国指定史跡の前方後円墳である石塚山古墳と御所山古墳をはじめ多くの古墳があり、考古学ファンを魅了しています。

古くて新しい町。しかし、古墳と自動車工場の間にはあまりに長い時間が横たわっています。その間の歴史が語られることは少なく、苅田町の印象が深みに欠けることは否めないと思っています。

この本を書いた目的は、中世から近代までの知られざる歴史に光を当て、苅田町の新たな物語を紡ぐことです。

新しい物語を探すには、今ある物語を確かめることから始めるべきでしょう。苅田町には様々な伝説や民話があります。その中で最も苅田らしいと思われるのは豊玉《とよたま》姫の伝説ではないでしょうか。「記紀」の山幸海幸伝説と苅田町に伝わる龍女伝説が融合した物語です。

豊玉姫伝説については、『郷土のものがたり』、『豊前路の民話と伝説』、『ものがたり京築』などの書籍で取り上げられていますので、それらを参考にしてあらすじをまとめると次のようになります。

豊玉姫の物語

むかし、豊前の国にホデリ（海幸）とホオリ（山幸）という兄弟が住んでいた。弟のホオリは兄から釣針を借りて、苅田の浜で釣をしていたが、大きな魚に針をとられてしまった。兄が大切にしていた釣針を失くして途方に暮れているホオリの前に、豊玉姫と名乗る娘が現れ、「私の父はこの海を支配しているワタツミといいます。きっと、あなたの釣針を探してくれるでしょう」と話しかけてきた。

ホオリは豊玉姫に連れられて、姫の住む龍宮城を訪れた。父のワタツミにも気に入られたホオリは豊玉姫を妻とし、楽しく暮らした。

やがて、故郷に帰ることになったホオリは、身ごもっている豊玉姫を連れて龍宮城を離れた。苅田の浜が見える神ノ島《こう》につったとき、姫の出産が近いことを悟ったホオリは、島に産屋《うぶや》を建てた。

豊玉姫は「私が産む姿を絶対に見ないでください」と言って産屋に入った。しかし、ホオリは心配のあまり、約束を破って産屋を覗いてしまった。そこで見たのは苦しみに歪んだ龍の姿だった。

正体を見られた姫は、衝撃のあまり、産まれた赤子を置き去りにして海へ帰っていった。わが身を恨み、泣き暮らす豊玉姫に侍女がささやいた。「青龍窟《せいりゅうくつ》という洞窟で修行しているダクラという僧が、どんな悩みも聞いてくださるそうですよ」

豊玉姫は険しい山をよじ登って青龍窟にたどりついた。姫の話を静かに聴いたダクラは、姫のために祈りを捧げた。

すると、傷ついた龍は脱皮して、青く輝く美しい姿となり、女神に生まれ変わった。

「私はこの洞窟に霊魂をとどめ、末永く人々の幸せを守りたい」と語り、天に昇っていった。

龍の抜け殻は岩となり、「龍形岩」と呼ばれている。

苅田町の東端の海に浮かぶ神ノ島と、西端の山の中にある青龍窟が一つの伝説で繋がっていることで苅田町を象徴する物語となっています。

現在の苅田町は昭和三十年（一九五五）に、旧苅田町と小波瀬《おばせ》村、白川村が合併してできましたが、そのずっと前から、神ノ島を望む苅田の浜と青龍窟を抱く白川の森が物語で結ばれていたのは興味深いことです。

この物語に寄り添いながら、神ノ島から青龍窟まで、苅田町を歩いて横断し、新たな物語の種を探したいと思います。

神ノ島には船がないと渡れないので、スタートは周防灘に浮かぶもうひとつの「島」、北九州空港にします。平成十七年（二〇〇五）に開港した海上空港です（第三章参照）。

ターミナル一階の到着口を出ると、左側の壁に、龍に乗る美しい女性が描かれた電照広告が掲示されています。苅田町が制作した広告で、女性は豊玉姫です。作者は苅田町在住のイラストレーター、しいたけさんです。

空港を出て、連絡橋へ向かって歩くと、すぐに「苅田町」の標札が迎えてくれます。空港島は北九州市と苅田町が共有している人工の島なのです。正確な住所で言うと、北九州市小倉南区空港北町から京都郡苅田町空港南町に移ったことになります。

ところで、「苅田」はなぜカンダと読むのでしょうか。

連絡橋

『日本書紀』によれば、安閑《あんかん》天皇の代に、豊前国に五か所の屯倉《みやけ》が設置されましたが、その一つである肝等《かと》屯倉が苅田町にあったと推定されています。

平安時代になると、『和名抄』には京都郡の四つの郷の一つとして、「刈田郷」が記されています。一方、『本朝世紀』には「賀田《かた》郷」が見えます。鎌倉時代になると、宇佐宮弥勒寺《みろくじ》の荘園として「苅田荘」が出てきます。「刈」に草かんむりが付いています。

「カンダ」については、刈田《かりた》から苅田《かんだ》に変化したという説と、「かと」、「かた」のようにもともと「カンダ」という読みがあったという説がありますが、定かではありません。

ちなみに「京都」郡についても触れておきます。『日本書紀』によれば、景行《けいこう》天皇が筑紫に到り、豊前国長峡県《ながおのあがた》に行宮《かりみや》を営んで住んだため、この地を「京」と名付けたといわれています。また、『和名抄』では、「京都」に「美夜古」というルビをふっています。

連絡橋を渡ります。長さ約二キロメートル。左側に苅田港と臨海工業地帯が広がっていま

神ノ島

す。その中で、細長い島が異彩を放っています。

神ノ島です。

東西約七五〇メートル、南北約一〇〇メートル。島全体が変成岩でできた無人島です。島の西端には市杵島《いちきしま》神社があり、宗像女神である市杵島姫之命《みこと》、弁財天が祀《まつ》られています。古くから海の守り神として信仰を集めている島です。

この島から豊玉姫の物語が始まります。

連絡橋を渡りきると、左手にトヨタ自動車のエンジン工場があります（第三章参照）。

正面に小山が迎えてくれます。かつて山城があった松山です。今では周囲を埋め立てられていますが、中世には半島状の海に突き出た要害でした（第一章参照）。

国道10号線へと左折します。

四角形の長い箱が国道の上を横切っています。箱の中のベルトコンベアが石灰石を運んでいるのです。昭和四十八年（一九七三）に、三菱鉱業セメント（現三菱マテリアル）が北九州市小倉南区の東谷《ひがしだに》鉱山で採石された石灰石を運ぶために建設したものです。

上：石灰石を運ぶベルトコンベアー
下：中津街道里程標

国道を跨いで反対側の住宅地に入ります。南へ延びる細い路が中津街道です。

中津街道は小倉城下、常盤橋《ときわ》を起点にして中津まで続く往還です。狸山《たぬきやま》峠（第一章及び第二章参照）を越えて企救郡《きく》（小倉北区・南区、門司区）から京都郡に入ります。境界には「従是《これより》西企救郡」、「従是東京都郡」と書かれた郡境標柱が建っています。街道はほぼ現在の国道10号線に沿って南北に走ります。往時は海岸線に沿った道でした。

街道をしばらく歩くと、道路の脇に石柱があります。柱の四面に「従是椎田迄四里半」、「従是久保新町迄四里」、「従是小倉迄三里半」、「従是大里迄四里半」と書かれています。街道に設置された里程標です。

この辺には、江戸時代、苅田宿がありました（第三章参照）。

さらに歩くと、左側に上町《かみまち》公民館が見えてきます。前庭に小さな鳥居と祠が立っていま

宇原神社

す。木実原《このみばる》神社です。

神社の横に上町区の山笠格納庫があり、その奥に稲荷山甚五郎《いなりやまじんごろう》の墓があります。小倉城が炎上し、小倉藩軍や城下の住民の退却で混乱した慶応二年（一八六六）八月一日、苅田村から百姓一揆が起こりましたが、甚五郎はその首謀者と伝えられているのです（第二章参照）。

苅田駅前道路を横切ります。苅田駅は明治二十八年（一八九五）に新設された歴史のある駅です。この駅は昭和三十四年（一九五九）まで「かりた駅」と呼ばれていました（第三章参照）。

少し歩くと、交差点の角に一対の大きな石灯籠が建っています。右折すると宇原《うはら》神社の参道へ続きます。

宇原神社。苅田山笠で名高い神幸祭を執り行う神社として知られています。

ちょっと寄り道して参拝しましょう。

宇原神社の祭神は、豊玉姫と彦火々出見尊《ひこほほでみのみこと》（山幸彦）、二人の子である鵜茅草葺不合尊《うがやふきあえずのみこと》です。『京都郡誌』所収の「宇原八幡宮縁記略」には、鵜茅草葺不合尊についての次のような言い伝えが載っています。

豊前の州京都郡馬場浦之沖に御船を繋ぎ、碇を下し遠見座し給も、御鎮座の所なし、御船化して嶋となる。後世に至り神の島と云

船が島になるというダイナミックな伝説です。宇原神社もまた、神ノ島と物語で繋がっているのです。

寄り道ついでに平清経塚《たいらのきよつねづか》にも参っていきましょう。宇原神社から南側に数十メートル歩くと、こんもりと繁った小さな木立があります。その中に、三基の五輪塔が木漏れ陽を浴びながら佇んでいます。平清経の墓と伝えられています。清経は平清盛の孫で、重盛の三男という平家の公達《きんだち》です。清経には二つの伝説が残っています。

平清経塚

一つは入水《じゅすい》説。『平家物語』にあるように、都落ちして敗走中に「いづちへ行かば遁るべきかは」と、舟から海に身を投げた清経の遺骸が苅田の浜に漂着し、地元の人々によって厚く弔われたという物語です。

もう一つは自殺説。『京都郡誌』所収の「京都郡寺院明細帳」に描かれています。清経が宇佐神宮で開運祈願をした帰途、「平氏壇之浦に滅亡すと聞き」、檀林寺において自殺したとい

うのです。檀林寺は今はありませんが、江戸時代に書かれた『応永戦覧』(第一章参照)に出てきます。

中津街道に戻りましょう。

少し歩くと行き止まりとなります。ここで、旧街道はいったん住宅地の中に消えてしまいます。左に折れて、幻の街道に寄り添うように近くの道を歩きます。

すぐに苅田町役場の前に出ます。広い駐車場は毎年十月の第一日曜日に宇原神社の神幸祭が行われる舞台となります。十四基の苅田山笠(福岡県無形民俗文化財)が集結し、山車をぶつけ合う突き当てが行われます。その勇壮さから「けんか山笠」の異名があります。

役場の横に石塚山古墳(国指定史跡)が横たわっています。三世紀から四世紀にかけて築造された九州では最大・最古級の前方後円墳です。築造当時はすぐ近くまで海でした。海岸線沿いに造られた古墳という意味でも珍しいそうです。今では樹々に覆われ、小山のようになっていますが、墳丘全体に葺石《ふきいし》が確認されていることから、墳丘斜面を石で覆っていたと考えられています。

この古墳から、江戸時代の寛政八年(一七九六)に地元南原《みなみばる》村の庄屋銀助によって三角縁《さんかくぶち》神獣鏡《しんじゅうきょう》などが発見されています。「御当家末書」(『福岡県史 近世史料編 御當家末書(上)』)に記載されている「小倉領鏡剱掘出候事」によると、庄屋銀助が水路の蓋にしようと、古墳頂上の平石を動かしたところ、深さ三尺（約一メートル）、長さ三間（約五・四メートル）の長大な石垣で囲まれた空間がありました。竪穴式石槨《せっかく》のことです。中には、十一面の銅鏡や銅鏃《どうぞく》、太刀などがあったと報告されています。

これらの副葬品は散在していましたが、戦後、「京都大学の研究者や文化庁の影響を受けた地元宇原神社の宮司廣瀬正美知の奔走によって集められ、三角縁神獣鏡七面、素環頭大刀残欠、銅鏃などが宇原神社に一括して保管された」（『筑紫政権からヤマト政権へ』）といいます。これらは宮司によって修復され、昭和二十八年（一九五三）に国の重要文化財に指定されました。現在も宇原神社に保管されています。

なお、石塚山古墳自体は昭和六十年（一九八五）一月三十一日に、国の史跡に指定されました。

古墳の横に六角形の建物があります。苅田町歴史資料館です。縄文時代から中世までの歴史資料が展示されています。展示品の主なものには、等覚寺で発見された銅製経筒《きょうづつ》（県指定考古資料）や谷遺跡出土の唐三彩陶枕《とうちん》片（町指定考古資料）、昭和六十二年（一九八七）の石塚山古墳発掘調査での出土品（町指定考古資料）などがあります。

殿川ダム

ここで、中津街道から離れます。青龍窟を目指して山道へ入らなければなりません。なお、中津街道は南へ延び、尾倉《おぐら》地区から与原《よばる》地区へ国道と並走する街道として再び姿を見せます。街道沿いには国指定史跡の御所山《ごしょやま》古墳（白庭《しらにわ》神社）や塩釜《しおがま》神社があります。またの機会に歩いてみてください。

日豊本線のガード下をくぐり、東九州自動車道を見上げながら、真っ直ぐに山へと向かいます。

右手に県営殿川《とのがわ》ダムが水を湛えています。昭和四十一年（一九六六）に建設された工業用のダムです。堰堤《えんてい》からは苅田町の工業地帯、神ノ島、北九州空港まで一望できます。

堰堤から奥に入っていくと、「内尾《うちお》薬師」の名で親しまれている内尾山相円寺《そうえんじ》があります。絶壁の斜面にある洞穴の中にあるお寺です。洞内に薬師如来坐像（福岡県指定彫刻）が安置されています。平安時代末期に作られたといわれる木造の仏像で、像の高さは二メートル七五センチを測ります。いわゆる丈六仏《じょうろくぶつ》です。仏が立つと一丈六尺（約四・八メートル）になるというのです。お釈迦様は丈六の大きさであったという言い伝えに基づいた仏像です。

内尾薬師如来坐像（苅田町教育委員会提供）

参拝を終え、湖水を右に見ながら、さらに山へと入っていきます。

京都《みやこ》峠です。

この峠の歴史は大変古いものです。現在の道路（県道）の北側にかつての峠道がありました。今は廃道となっていますが、かつてここは古代官道だったのです。

中央集権をめざす律令国家は、中央と地方の連絡を密にするため官道を整備し、おおむね三十里（約一六キロメートル）ごとに馬を用意している駅を置きました。京から大宰府に向かう西海道・大宰府路の到津《いたむつ》駅と大宰府から豊前国府をつなぐ豊前路の多米《ため》駅（推定地はみやこ町勝山）の間に刈田駅が設置されました。刈田駅から多米駅までは京都峠を越える官道を通りました。なぜ、官道が険しい山を越えるのか。「峠越えのルートをとったのは、行橋平野が、まだ低湿で通りにくかった」（『行橋市史』）との見方があります。

現在の京都峠を歩きます。右側に見える山々が削られて、棚田のようになっている不思議な光景が広がります。石灰石の採掘場なのです。苅田地域の近代化はセメント産業とともに始まりました（第三章参照）。

京都峠から見た白川平野

峠の頂上で、平成二十年（二〇〇八）に開通した京都トンネル（四〇五メートル）を抜けると、風景が一変します。工場地帯や工業用ダム、石灰石採掘場という無機質な世界から、田園を山々が囲む緑豊かな風景に変わります。

山を下り、農業用の山口ダム湖辺を半周すると、白山多賀《はくさんたが》神社の参道入口の標柱があります。

つづら折りの山道を歩きます。森が深く、木々が陽光を遮って、幽玄な薄闇《うすやみ》の世界に引き込まれていきます。

森が途切れると、急斜面を細かく刻んだ棚田が姿を現します。その上に、十戸程度の小さな集落があります。等覚寺《とかくじ》地区です。

かつては山伏の修験道《しゅげんどう》の地でした。修験道とは日本古来の山岳信仰と、伝来の仏教（密教）が融合して平安時代に成立した神仏習合の日本独特の宗教です。

伝承では、天平六年（七三四）、東大寺の僧・慧空《えくう》が普智山《ふちさん》等覚寺を開いたといわれています。最盛期には三百の坊がひしめき、山伏の修行の場として栄えたと伝えられています。

等覚寺棚田風景

集落の中に「松会漬《まつえづけ》」の加工場があります。地元のご婦人方が、かつて山伏が修行に持ち歩いたといわれる秘伝の味噌漬を、自家製の味噌と地元産の野菜で作っています。

家々の背後には平尾台のカルスト台地が広がっています。春の緑、秋の褐色と鮮やかに山肌の装いを変えてくれます。

集落を抜け、再び森の中をしばらく歩くと、三叉路となります。右へ行くと、青龍窟へ向かう細い道が延びています。青龍窟は終着点ですから、最後のお楽しみとして、真直ぐに進んで、白山多賀神社に参拝に行きましょう。

坂道を下りかけると石の鳥居が見えてきます。鳥居の右側の柱に「請雨祈願解」と書かれています。左側の柱には天明五年（一七八五）とあります。この年は天明大飢饉（天明二～八年頃）の最中です。龍は水の神でもあります。山伏の祈りが通じ、龍が雨を降らせたのでしょうか。

参道を登ります。苔むした石段に木漏れ陽が揺れます。

樹々に囲まれた広場があります。松庭と呼ばれています。等覚寺の松会《まつえ》（国指定重要無形民俗文化財）の舞台です。

等覚寺の松会は天暦八年（九五四）、谷の坊覚心によって始められたと伝えられる山伏の祭りです。毎年四月第三日曜日に行われます。

よく、「等覚寺というのに、お寺でなく、神社があるのはなぜですか」という質問を受けます。江戸時代までは普智山等覚寺という神仏習合の修験道のお寺でしたが、明治維新を迎え、神仏分離令が出されたため、仏教的要素が排除されて、白山多賀神社となったのです。等覚寺は地名としてのみ名残を留めています。

松会は当日だけではなく、準備も大切な儀式です。四月の第一日曜日に柱起こしがあります。太い蔓《かずら》が巻かれた三十三尺（約一〇メートル）の柱を松庭に立てます。次の日曜日に綱掛けがあります。柱から三方に、三本の太い綱が張られます。綱の先は複雑な三角形になっており、龍の頭を表しているといわれています。この綱は麓の山口《やまぐち》（八田山を含む）、谷《たに》、稲光《いなみつ》の三地区で作られ（綱打ちといわれています）、白山多賀神社に奉納されます。

松会の当日は、神輿《みこし》行列、獅子舞、鬼会《おにえ》と続き、施主が松庭に種籾《もみ》を蒔き、子どもたちが田植えなど農作業の所作を演じます。これらを田《た》行事といいます。次に山伏の白装束をまとった男たちが長刀《なぎなた》、鉞《まさかり》を巧みに操って舞います。これらを刀《かたな》行事といいます。

最後が幣切《へいき》りです。法螺《ほら》貝が鳴り響く中、施主が御幣を背負って松柱をよじ登ります。頂上に立ち、御幣を広げて天地四方を祓い清めた後、幣の竹の部分を日本刀で切り落として、その切り口で豊凶を占います。緊迫したシーンを参拝者は息を呑んで見守り、無事に竹が切られると、大きな歓声と拍手が沸き起こります。

次に、刀で白い御幣を切り裂きます。細かくなった幣は風に舞いながら松庭に落ちます。松柱が陽、松庭が陰で、幣は神の御種子《みたね》を表しているといいます。

この幣切りはかつては英彦山（添田町）をはじめ、豊前国の峰々で行われていたといわれますが、現在残っているのはここだけです。

松会の時以外の境内は静寂に包まれています。松庭を囲む鬱蒼《うっそう》とした森には不思議な魅力がたゆたっています。聖域として人の介入を拒んできた森の樹々は、思い思いに幹をよじらせ、枝を張っています。その自由さが美しい森をつくっているのです。

千年の時を紡ぐ修験の場も、しかし、ある時代には戦場でした。ここは等覚寺城という山城でした（第一章参照）。松庭も郭《くるわ》の一つです。今は木の葉に埋もれていますが、敵の襲撃を防ぐ畝状竪堀《うねじょうたてぼり》が無数に掘られています。

白山多賀神社を後にして、道を引き返しましょう。いよいよ青龍窟をめざします。

舗装されていない小道を約二キロ歩くと青龍窟に着きます。巨大な洞口が開いています。ちょっと待ってください。くどいようですが青龍窟はこの旅の、そして物語の終着点です。

その前に行かなければならない所があります。

洞口の前を左に迂回して山道を登っていきます。羊が群れているように石灰岩が点在するカルスト台地特有の風景が広がります。

広谷湿原

鬼の唐手岩

石の羊たちに囲まれるようにして、低地に草原があります。広谷《ひろたに》湿原です。福岡県では唯一の湿原です。サギソウ、トキソウ、モウセンゴケ、ノハナショウブなど湿原特有の貴重な植物が自生しています。

なぜ、ここに湿原があるのでしょうか。そもそも、石灰石は水を吸収しやすいので、カルスト台地には湿原ができないというのが通説なのですが、実は広谷湿原を見下ろすように屹立している巨岩「鬼の唐手岩《からていわ》」の仕業なのです。唐手岩は花崗岩《かこうがん》でできており、地中に突き刺さっています。この岩が地下ダムの役割をして地下水を堰《せ》き止めることで、行き場を失った水が地表に湧いて出るのです。

一方、岩の下をくぐった地下水は青龍窟に流れ込みます。

さあ、今度こそ青龍窟です。

引き返して、洞口の前に立ちます。洞内から清新な空気が立ち上ってきます。洞内は一年中、気温が一定であり、夏には涼風が、冬には温かい風が癒してくれます。

神秘的な闇が広がっています。闇の中へ降りていきましょう。

この洞窟は気が遠くなるような長い時間を内包しています。日本洞窟学会の浦田健作氏によると、平尾台自体は約三億年前に赤道付近の海底火山の上にできたサンゴ礁の島がプレートの移動でこの場所まで来たというのです。

青龍窟の洞口から狭い隙間を通って鍾乳洞へと入っていけます。三段の洞穴が複雑に絡む鍾乳洞で、未だ本格的な調査が行われていない謎を秘めた洞窟なのです。全長は約三キロはあると推測され、平尾台で最大の鍾乳洞です。昭和三十七年（一九六二）に国の天然記念物に指定されています。

入洞は諦めましょう。窟内の探検はまさに漆黒の闇で匍匐《ほふく》前進を強いられる激しい体験であり、プロのサポートなしで入洞することはできません。

三億年にはかないませんが、青龍窟は修験道の修行の場としても千年以上の歴史があります。

洞口の奥の壁に小さな祠があります。窟《くつ》神社です。かつて、神仏習合の頃は青龍大権現としての豊玉姫が祀られていました。

『苅田町誌』所収の「普智山縁起」は豊玉姫伝説を次のように伝えています。ちょっと難解な文章ですが、格調がありますので、原文のままご紹介します。

奥院青龍大権現は、即ち龍女豊玉姫の御事なり。本地は釈迦如来なり。此時はいまだ地神四代の御時なり、彦火火出見尊、龍神の御女豊玉姫を迎へて御后に立させ給ふ。程なく懐妊し給ひ、玉の如き皇子御降誕あり、御名を鵜茅草葺不合尊と称し奉る。太子御誕生の時、尊産屋をのぞき見給へば、恐しき大龍王のかたちに成居給へり。豊玉姫此御すがたを見られ給ひしを、深く恥じたまひて、太子をすてて龍宮にかへらせ給ふ。其頃仏の御弟子諾距羅尊者、仏勅をかうむり此岩屋の中にて修行し給ふ。其時豊玉姫再び此岩屋に来り、諾距羅尊者の御化益を受て、刀利天に生し給ふ。姫の御誓願に曰く、我龍形此中にて岩と変じて、憶百萬歳国土を守護せんと誓ひ給へり。

青龍窟の洞口の真ん中に盛り上がった岩があります。龍の抜け殻が岩になったという伝説の岩です。物語に包まれた岩は永遠の時間の中を彷徨《さまよ》っています。

神ノ島から始まった豊玉姫の物語がここで終わります。それは龍の物語であり、水の物語でもありました。

旅の途中で、「参照」がたくさん出てきましたね。きっと、目障りだったと思います。我慢して読んでいただきありがとうございました。

この「参照」は、時代を超えた物語の種だと思っています。その種をまとめて、苅田町の歴史の中でも、これまであまり語られることのなかった戦国時代、幕末、近代の三つの新しい物語に迫っていきたいと思います。

あなたの心の中で種が芽吹き、新しい物語の花を咲かせてくれれば幸いです。

＊以後、史料を引用した文章がたくさん出てきます。難解なものもありますが、研究する方の一助となるようにと、原則として原文どおり（一部、新字体や新かな遣いに改めた部分があります）掲載していますので、ご了承ください。また、「苅田地域」という言葉が出てきますが、これは現在の苅田町域を示すものです。地名、人名に振り仮名を付したものがありますが、別の読み方が存在するものもありますので、ご了承ください。

第一章　戦国「城」の物語

堅固第一——豊前松山城攻防戦

序——松山城祉に登る

東九州自動車道苅田北九州空港インターチェンジを下りて、空港へ向かう道路を走っていると、右側に小さな山がぽつんとうずくまっています。

松山といいます。

標高一二八メートルの山頂に、約四百年前まで山城がありました。

松山城です。

圧倒的に多くの人が思い浮かべる「松山城」は、愛媛県松山市にある松山城だと思います。賤ケ岳《しずがたけ》七本槍のひとり、加藤嘉明が慶長七年（一六〇二）に築城した名城です。

あるいは、備中松山城（岡山県高梁《たかはし》市）を思い浮かべる人も結構いるのではないでしょうか。標高四三〇メートルの臥牛《がぎゅう》山の頂に立つ山城です。雲海に囲まれた天空の城として人気があります。

松山（上）と松山城主郭跡

その他にも松山城はあります。武蔵松山城、出羽松山城……。

こうした、たくさんの松山城と区別するために、苅田町にある松山城は一般的に「豊前松山城」と呼ばれています。

松山城や備中松山城に比べれば、豊前松山城は天守閣もなく、取るに足らない存在です。

しかし、小さくとも、かけがえのない物語が埋もれているはずです。

　何はともあれ、松山城址に登りましょう。

専用駐車場で車を降り、数分歩くと登山口に着きます。山頂まで遊歩道が整備されています。全長は約五〇〇メートル。距離は手頃ですが、時折急勾配な坂に悩まされます。

土塁跡を通ると森を抜け、視界が開けます。そこは、左側の主郭《しゅかく》と右側の二の郭の間です。二の郭の先には三の郭も見えます。

松山城跡から見た北九州空港

主郭へ向かいます。数か所、石段が残っており、主郭の石垣も見えます。山頂となる主郭上は公園になっています。

山頂から南方向を見ると、二の郭の先に、苅田港と臨海工業地帯が見えます。眼前に見えるのが三菱マテリアルのセメント工場。大正九年（一九二〇）に、豊国セメントの名で操業を始め、工業都市・苅田の嚆矢《こうし》を放った工場です。その先に九州電力の火力発電所、遠くには日産自動車九州工場も見えます。

視界を東に移すと、広大な埋立地が広がっています。トヨタ自動車のエンジン工場が見えます。

城があったころとは全く風景が変わっているはずです。往時は真下が海でした。松山城は海に突き出た半島状の城だったのです。

埋立地の先に連絡橋。そして北九州空港が横たわっています。

振り向くと、西側に東九州自動車道と苅田北九州空港インターチェンジが見えます。

まさに交通の要所であることが実感できます。

この場所が要所であるのは今に始まったことではありません。瀬戸内海の西端に位置し、関門海峡の東南にあるこの地域は、京から見て、九州の玄関口でした。

空気が澄んでいるときには、空港の背後に山口県宇部地方の工場地帯などが見えます。南側には大分県の国東半島が見えることもあります。

周防・長門と豊後にはさまれた豊前松山城の物語が始まります。

一　伝説の中の松山城

「豊前国古城記」（または「豊前古城記」）という読み物があります。作成時期は不明、作者も分からず、内容的にも実在が疑われる人物が多数登場するなど史料価値には疑問符が付きますが、後世への影響は大きく、郷土史研究に欠かせない史料である『太宰管内志』や『豊前志』もこの「古城記」を引用しています。豊前国の城ごとに沿革を記しており、興味深い史料には違いありません。

そこで、松山城の項を一部引用しながら、そこに描かれている「物語」を繙《ひもと》いてみたいと思います。なお、「豊前国古城記」には異本が多く、内容も微妙に違いますが、ここでは、『福岡県郷土叢書』所収の「豊前国古城記」（以下、「古城記」と表記します）を使用することにします。

> 天平十二年（中略）藤原広嗣謀反して筑前筑後豊前豊後四ヶ国を廻て諸所に城を築く、京都郡は九州東面なれば官軍を防ぐ便り有べき処也と松山に城を築き勢をこめ置く。

松山城は、反乱を起こした藤原広嗣《ひろつぐ》が官軍を防ぐために築いたことになっています。広嗣は藤原不比等《ふひと》の孫です。聖武天皇の時代の天平九年（七三七）、権勢を誇っていた不比等の四人の子（武智麻呂＝南家、房前＝北家、宇合《うまかい》＝式家、麻呂＝京家）があいついで病死し、政治権力は橘諸兄《もろえ》に移りました。宇合の子であった広嗣も中央政界から遠ざけられ、大宰少弐として九州に左遷されました。

藤原広嗣は橘諸兄政権の中核を占めていた吉備真備《きびのまきび》と玄昉《げんぼう》を除こうとする上奏文を提出しましたが効果なく、反乱に踏み切りました。

天平十二年（七四〇）九月三日、広嗣は弟の綱手らと大宰府で挙兵、軍を三つに分け、豊前国の登美《とみ》・板櫃《いたびつ》・京都の三鎮を攻略しました。「鎮」とは大宰府直轄の軍営のことだと思われます。

『続日本紀』には、藤原広嗣の反乱に与《くみ》した京都鎮の鎮長の小長谷常人《おはせつねひと》が官軍に捕えられて殺されたという記述がありますので、京都郡が広嗣の乱に関係したことは間違いありません。反乱軍が眺望のきく松山を押さえるのは至極当然なことであり、官軍の襲来に目を凝らす反乱兵の姿を想像することができます。

「古城記」を続けます。

鎮西の乱に依て天慶三年神田権少進光員と云ふ地下人城に籠て凶徒を防ぐ。夫より神田氏代々守ること十八代、光元、光行、光房、光成、光昌、光春、政光、時光、経光、是より八代兼員。

天慶三年（九四〇）は藤原広嗣の乱からちょうど二百年後です。「凶徒」が藤原純友を指しているのは明らかです。藤原純友は藤原家で最も栄えた北家の系列でしたが、父親（良範）が早く亡くなったため昇進の道から外れ、伊予掾《じょう》として現地に赴任しました。日振島《ひぶりしま》を拠点に海賊の首領となり、天慶二年（九三九）に東国で平将門が反乱を起こしたのに乗じて反旗を翻しました。

一方、「凶徒を防ぐ」ために松山城に籠ったといわれる神田光員については、他にまったく史料が見当たりません。実在自体が疑われますが、「地下人《じげにん》」であること、その後、「十八代」にわたって城を守ったということに注目せざるをえません。

恵良宏氏は「中世の北部九州の歴史」(『郷土誌かんだ』)で、「古城記」の神田氏については「松山城が豊前国内でもすぐれて戦略的・軍事的要地にあったために生まれた伝承」と否定しながらも、「中世には何らかの在地勢力の存在が窺える」と述べています。

もうひとつ注目すべきことは、「神田」という苗字です。「古城記」では、松山城を「神田松山城」と表記しているように、神田が地名として扱われている史料が多く見られます。神田は「かんだ」と呼ばれていたと思いますが、苅田とどういう関連があるのか、興味深いところです。

二　大内氏と杉氏

松山城が史料で把握できるようになるのは、南北朝時代の十四世紀からです。

観応三年(南朝年号　北朝では正平七年〔一三五二〕)の史料「西郷有政軍忠状」(西郷文書)に「苅田城」が出てきます。西郷有政は宇都宮冬綱の子といわれており、北朝側に属し、南朝の支配下にあった苅田城を攻め落としたと記されています。苅田城が松山城だと断定はできませんが、可能性は高いと思います。

十四世紀後半、周防国を拠点とする大内氏が豊前国守護職《しゅごしき》に任じられてから、松山城は大きな役割を果たすことになります。

大内氏はもともと多々良氏といい、周防国府の在庁官人でした。祖は百済《くだら》の聖明王の子・琳聖太子であるという伝説が残っています。正平六年（一三五一）、大内弘世が南朝から周防国守護職に任ぜられ、周防国を平定、勢力を拡大していきました。正平十八年（一三六三）、北朝方へ転じ、周防・長門国守護職となりました。

弘世の子・義弘が、足利義満の指示を受けた今川了俊の下向に同行し、康暦二年（一三八〇）ごろ、豊前国守護職に補任《ぶにん》されました。当時の九州は南朝の勢力が強く、今川了俊は九州探題に任じられて、南朝勢力を一掃するために九州入りしたもので、その際、大内氏の軍事力が役に立ったのでした。

大内義弘は豊前国の守護代に杉氏を派遣しました。杉氏は陶《すえ》氏（周防国守護代）、内藤氏（長門国守護代）と並ぶ大内氏の重臣です。

杉氏は全体の系図が分かっていませんが、「八本杉」といわれるように多くの系列があったようです。豊前国守護代を務めた杉家は歴代、「伯耆守《ほうきのかみ》」を自称し、松山城を拠点にして豊前国を治めるようになったと思われます。また、宇佐郡の妙見岳城（宇佐市）には「因幡守《いなばのかみ》」と称する別の杉一派が入り、大友氏の領地と接する豊前南部を守っていたようです。

大内義弘が応永六年（一三九九）、将軍義満に背いて敗死（応永の乱）すると、守護職は一旦少弐貞頼、満貞に移りますが、応永十年（一四〇三）には義弘の弟・盛見に戻され、以後、持世、教弘、政弘、義興と大内氏が独占します。

これに合わせて、杉氏が伯耆守を名乗って守護代をほぼ世襲しました。史料で分かっている守護代としては重綱（大内盛見時代）、重国（教弘時代）、武勝（政弘時代）、重清（義興時代）などがいます。

守護代の下には各郡に郡代が置かれました。主なところでは宇佐郡の佐田氏、下毛《しもげ》郡の野仲氏、上毛《こうげ》郡の広津氏・友枝氏、築城郡の城井氏、仲津郡の木部氏、田川郡の井上氏などがいました。

城井氏や野仲氏、佐田氏などは宇都宮一族です。下野国の宇都宮信房が源頼朝の命で、平家残党討伐のため豊前に入り、土着しました。信房は城井氏を名乗り、弟の重房は野仲氏となりました。

宇都宮一族は豊前に根を張ったものの大内氏、大友氏に挟まれて、一国をまとめて戦国大名になることはできず、大内氏の支配に甘んじたのでした。

さて、松山城ですが、半島状の山城に杉氏が普段から住んでいたとは考えられません。生活や政治の拠点とした居館が近くにあるはずですが、どこにあったかは分かっていません。当時、松山城の付近で最も栄えていたのは今井津（行橋市）ですから、大内氏の豊前支配が今井津を中心に行われ、有事の際に松山城に籠ったと考えるのが妥当かもしれません。

大内氏の豊前支配は平穏に行われたわけではありません。豊後の大友氏が虎視眈々と豊前進出を狙っており、紛争が絶えませんでした。

杉氏と大友氏の争いについては、「古城記」にも描かれています。

応安七年、菊池、大友、少弐、宇都宮和平し豊前の国をば大内左京太夫義弘に被下ければ、守護代杉弾正大弼興信其子弘信を城代として居置也。

応永五年、十月豊後大友式部大輔親世在京の留守に従弟氏鑑逆心して戸次治部大輔親秀松山の城を責取る。杉弘信も同山口の留守にて弘信弟弥太郎光治戦利なく自害す。十一月杉弾正大弼弘信大内の下知に依て長門より押渡て松山の城を攻落し城主大田原兵庫助行房自害。

応永五年（一三九八）に書かれていることは、『応永戦覧』という読み物に詳しく描かれています。

『応永戦覧』は、元禄十年（一六九七）に小倉藩士の天野義重という人物が藩主小笠原忠雄《ただたか》に献上するために書いたといわれる戦記物語です。大内義弘・盛見時代の大内氏と大友氏の合戦を中心に描いています。「古城記」と同じ応永五年の出来事であり、大友氏鑑、戸次親秀、杉弘信や光治と登場人物も同じです。いずれも実在が疑われる人物であり、「古城記」の作者が『応永戦覧』を読んで簡略にまとめたのか、逆に天野義重が「古城記」を読んで膨らませたのかのどちらかであろうと思われます。

『応永戦覧』も「古城記」と同様に史料価値には疑問符がつきますが、松山城をめぐる合戦を詳しく書いた唯一の読み物と言ってよく、郷土史にとっては貴重な文献です。

また、『応永戦覧』に注目する価値として、等覚寺の山伏が大友方として登場していることがあります。

山伏といえば、山の中で修行をしているというイメージが強いのですが、実際には戦闘集団でもありました。

ここで、『応永戦覧』の松山城の攻防戦に関する部分のあらすじを紹介しましょう。

神田城攻めの事

松山城主、杉弾正大弼弘信は応永五年六月、弟の光治を城代に据え、山口へ出向いていた。その隙を突かれ、大友方の戸次親秀が松山城を攻め落とし、光治は自害して果てた。

報せを受けた弘信は、十一月二十二日、三千騎を率いて山口を出立した。また、大内義弘は自身の名代として天野讃岐守元重に二千騎をつけて合流させ、都合五千騎が厚東《ことう》で兵船に乗り込み出港、豊前国吉志《きし》に到着した。大内氏に与する八百余騎が迎えた。門司左近太郎親常、門司民部入道一徳斉、小野田兵部少輔通忠、規矩権守種有、規矩太郎種直などである。

総勢五千八百騎の大内勢は俄かに降り出した大雨の中、松山城を目指した。

松山城では、城主戸次親秀が豊後に戻っており、城内では弛緩した空気の中、酒宴が行われていた。亥の刻（午後十時）になり、城門を叩く者があった。等覚寺の山伏であった。「長門の下山に参籠し、本山に戻る途中だが、大内勢の軍勢を見かけた」と告げた。この報せを受けた城内は「遊宴忽ち興醒めて、上を下へと震動」し、混乱に陥った。

大内軍は狸山に押し寄せ、杉弘信、天野元重の両将は松ケ尾に陣を張り、軍を大手と搦手に分け、大手には門司親常、規矩種有が向かい、搦手には門司一徳斉、小野田通忠が寄せた。

城内は城代・太田原兵庫介行房を中心に防戦したが、攻め込まれ、五百余人が屍《しかばね》を晒した。行房は自刃、子の行国・行政兄弟は刺し違えて命を絶った。

神田潟合戦の事

等覚寺の座主・堯賢は大内勢が苅田に向かうとの知らせを受け、戸次親秀は豊後にあって不在、城兵も少ないとあっては加勢しないわけにいかないと、十一月二十二日寅の刻（午前四時）、等覚寺を出立した。先陣は光明院音海二百騎、二陣が実相坊行実三百騎、三陣正明院堅秀二百騎、四陣が座主の本陣馬廻四百騎、殿《しんがり》が実蔵坊祐覚二百騎の総勢千三百騎。法螺貝を鳴らして進軍し、与原山に布陣した。

山伏が攻めてくるとの情報を得た松山城では、「仏体法衣の山伏に弓を引かん事本意にあらずと雖も慈悲忍辱《にんにく》の法を破り、一旦の施欲を纏い我慢の鉾を横たえ、強兵に向うを無慙なれ、座主を始め一騎も不残討取るべし」と、出陣を決めた。先鋒の門司左近太郎、小野田兵部少輔、規矩権守は大元堂の松原に出張、杉弘信・天野元重の両将は恵比須堂の森に布陣した。門司弥三郎親辰は檀林寺の森に控え、蓑島にも足軽を備えさせた。

両軍は大元堂の南で激突した。門司左近太郎の軍と光明院が干戈《かんか》を交え、次第に光明院側が押されて、引こうとしたところに、規矩権守が突っ込み、音海は敵に取り囲まれて討たれてしまった。

その後、全軍入り乱れての戦闘が続いたが、慣れない海辺の戦いに、次第に山伏軍の旗色が悪くなった。「山伏勢浪に巻込れ海底に落入て藻屑となる者数を知らず」という有様で、実相坊、正明坊は「馬を駆寄せ二人馬上にて腹掻切共に波間に」沈んだ。

与原山の堯賢もついに陣を引き払い、等覚寺へ戻った。

『応永戦覧』には「神田城」、「神田潟」というように「神田」が地名として出てきます。この読み物が十七世紀末の江戸時代に書かれたことを考えると、その当時まで「神田」が地名として通用していたことが分かります。

『京都郡誌』に掲載されている「普智山等覚寺記」によると、座主・堯賢の時代は「子院三百有余」とあり、三百の坊がひしめく等覚寺隆盛の時代でした。しかし、「応永間厄兵事、山中僧徒戦死者、不知其数、因茲寺務荒廃」とあるように、等覚寺軍は苅田で敗北した後、大内軍に等覚寺まで攻め上られ、兵火で壊滅に近い打撃を受けたようです。

さて、『応永戦覧』には続きがあります。大友方についていた規矩《きく》郡の長野氏や貫《ぬき》氏と大内方による狸山合戦です。狸山峠は京都郡と規矩郡を分ける峠です（「規矩郡」は企救郡のことです。中世は「規矩」と書くことが多いため、この章では表記を規矩郡に統一します）。

山脈から突き出た腕があたかも郡境を塞ぐように海岸まで延びていました。今ではその大半が削られ、国道10号線が走っているため、峠の趣きは殆どありませんが、当時は峠を越えなければ京都郡に入ることはできなかったのです。この峠での合戦の模様が詳しく描かれているので、『応永戦覧』のあらすじをさらに続けます。

狸山合戦の事

大友氏鑑に頼まれた長野修理大夫義種は十二月晦日、五百余騎を率い、出陣した。貫掃部頭宗景も七百余騎を率いて加わった。先陣は義種の嫡子である豊前守義守二百余騎が務めた。

一方、大内方は　高橋弥十郎種基が狸山峠を越え、坂を下りて待ち構えた。志芳和泉守政義は峠の上に陣を構え、高橋種基へ軍使を立て、「狭道の合戦は危ふかるべし。坂に待ちて、上る敵を左右の山より射すくめ取りまくべし」と忠告した。「さもあるべし」と引き返そうとしたが、その前に敵が攻めてきたのだった。種基は「小道二行に五十余騎、百騎を一備とし」て迎え撃った。先陣の長野義守は「雁行《がんこう》」になって戦い、「先手の兵、道より水田におちはまりて駆け上らんとするところを、弥十郎（種基）二、三の備へよりさんざんに射ちすくめ、または、突兵手しげく豊前守（義守）を取り巻けば、水田に馬を駆け入れて朽網の方へ」退いた。貫宗景も一陣を崩されて引き退いた。

味方の劣勢に怒った長野義種は馬廻り百余騎ばかりで「磯伝ひ風の如く駆け来りて」、攻撃に加わり、高橋種基を討ち取った。

勢いを得た義種は三百余騎で坂口へ向かった。「坂の兵これを見て、左右の岸より打ちおろせば、さしもに狭き切り通しに、沓《くつ》の子打ちたるごとく落ち重なりて、敵味方入り乱れての戦いとなった。

次第に長野方が優勢になり、坂を攻め登り、志芳政義の「旗本近く」まで迫り、危うい状況となったが、神田の方より、門司弥次郎、三角兵衛尉、大岩伊豆守、規矩太郎、河村大蔵大輔が駆け来り、新手の兵を次々と投入し、「塵埃天を掠め金鼓《きんこ》を轟かし、鬨の声山を崩れよと」ばかりに戦い、長野勢を峠から押し返したのであった。

三　大寧寺の変と杉重矩

享禄元年（一五二八）、大内義興が死去し、子の義隆が家督を継ぎました。翌年、杉重矩《しげのり》を豊前国守護代に任命しています。重矩は奉行職にもついており、周防山口と豊前松山城を頻繁に行き来していたものと考えられます。

大内義隆は勢力を拡大して周防、長門、安芸、備後、石見、豊前、筑前の守護職となり、西国の一大勢力となって大内氏の全盛期を作り出しました。

義隆は豊前と豊後の境界線上で長年にわたり争ってきた大友氏と決着をつけるべく、天文三年（一五三四）、豊後へ進攻しました。四月、陶興房と杉重信を将として三千の兵が海を渡って豊後国速見郡山香郷《やまがごう》の大牟礼山《おおむれさん》（杵築市）などに兵を進めました。世にいう勢場ケ原《せいばがはる》合戦です。大友勢は吉弘氏直や寒田《そうだ》親将らが迎え撃ちましたが、討ち死してしまいました。一方、大内方も当初は優勢でしたが、伏兵の出現に杉重信が討ち死し、陶興房も負傷して引き上げました。なお、杉重信は長門守を名乗っており、豊前守護代の伯耆系杉氏との関係は分かっていません。

次に、大内義隆は出雲攻略をめざし、天文十一年（一五四二）、尼子《あまご》氏の月山富田城《がっさんとだ》（安来市）を囲みましたが、国人衆の離反によって大敗してしまいました。敗走時に養嗣子の晴持（実父は一条房冬）を失いました。以来、義隆は領土的野心を失い、政治から離れていきます。「文治派」の相良武任《さがらたけとう》を重用し、「武断派」の陶隆房（興房の子、周防国守護代）、内藤興盛（長門国守護代）らを退けたため、両派の対立が深まっていきました。

その中で、杉重矩は義隆の重臣として豊前国守護代を務め続けました。天文十八年（一五四九）には、重矩が守護代として発した「施行状」（真継文書）が残っています。

天文二十年（一五五一）、大内義隆が重臣の陶隆房に攻められて、自刃に追い込まれる政変が起きました。

この事件に杉重矩も大きく関わっています。重矩は当初、陶隆房と対立しており、隆房に謀反の疑いがあると義隆に告げ、その対策を進言してきました。しかし、忠告を取り入れようとしない義隆を見限り、最終的には隆房らと行動を共にしました。

八月二十九日、陶隆房、杉重矩、内藤興盛らが山口に攻め入りました。大内義隆は山口を脱出して仙崎（長門市）へ行き、舟による逃亡を図りましたが、荒天のため引き返し、大寧寺（長門市）で自刃しました。その子・義尊も捕えられて殺されました。

陶隆房は義隆の後継に豊後の大友義鎮《よししげ》の弟・晴英《はるひで》を迎えることを画策します。晴英はかつて、大内晴持が死んだ後、大内義隆の養子になっていましたが、義隆に実子（義尊）が生まれたために養子を解消されたという経緯がありました。

天文二十一年（一五五二）二月二十六日、大友晴英は山口の館に入って、大内氏の家督を継ぎました。陶隆房は晴英の偏諱《へんき》を得て晴賢《はるかた》と改名しました。その後、晴英は義長と名を改めました。

大友義鎮は弟の大内入りに際して家臣の高橋鑑種《あきたね》と橋爪鑑実《あきざね》を付け家老として同行させま

した。

高橋鑑種。後に松山城と深く関わってくるこの男は、主人・大友義鎮と同じ享禄三年（一五三〇）生まれと伝えられています。大友一族で同紋衆（大友氏と同じ杏葉の紋を使用）である一万田《いちまだ》親泰の次男として生まれ、筑前の名門・高橋氏の養子となりました。

高橋氏の祖は藤原純友の乱の際、追討使《ついとうし》として派遣され、封を受けて筑前国に土着した大蔵春実《はるざね》です。春実は居住地の地名を取って原田と称し、後に春種と号しました。一族の中で三原郡高橋（小郡市）に住んだ者が高橋姓を称するようになったといわれています。

また、橋爪鑑実も同じ一万田氏の出身で、鑑種の甥に当たります。

高橋鑑種と橋爪鑑実は義長政権で奉行人として活躍しました。左衛門尉と称する高橋鑑種と美濃守を名乗る橋爪鑑実が、伯耆守である杉重矩と連署した書類（恵良文書）が残されています。

天文二十二年（一五五三）閏正月、豊後で衝撃的な事件が起こりました。大友義鎮が謀反があったとして、家臣の一万田弾正忠を殺したのです。弾正忠とは鑑種の兄で、橋爪鑑実の父である一万田鑑相《あきすけ》のことです。

その理由は定かではありませんが、義鎮は一万田鑑相の妻に懸想《けそう》し、鑑相を殺して妻を奪ったという噂が絶えませんでした。

高橋鑑種は自分の兄を主君に殺されたことになります。

同年九月、山口でも大事件が起こりました。杉重矩と陶晴賢との対立が再燃したのです。陶氏と杉氏はもともと相容れない関係にありました。長年豊前国を治めて、地域に根を張り、国内の国人や土豪を被官化して、半ば自立した勢力となりつつあった杉氏は「義長のもとで集権化をはかる晴賢にとって、早晩排除しておかなければならない相手だった」(『西国の戦国合戦』)のです。

杉重矩は佐波《さば》郡大崎(防府市)の屋敷を陶晴賢勢に襲われ、領地の厚東郡万倉《まぐら》(宇部市)に逃げましたが、追いつめられて自刃しました。


政敵杉重矩を倒して実権を握った陶晴賢でしたが、それも長くは続きませんでした。彼の前に、安芸国吉田を拠点とする毛利元就《もとなり》が立ちはだかってきました。元就は、当初は陶晴賢に恭順の姿勢を示していましたが、晴賢が杉重矩と争っているのを横目に、安芸や備後に領地を広げていきました。天文二十三年(一五五四)、反旗を翻した石見国津和野の吉見正頼討伐のため、陶晴賢が毛利元就へ参陣を求めたのに対し、元就が公然と拒否し、武力衝突が必至となりました。

決戦の場となったのが厳島《いつくしま》です。毛利元就は策略を尽くし、陶晴賢を厳島へと誘い込みました。陶軍二万に対し、毛利軍は三千足らずでしたが、荒天に乗じた毛利軍の奇襲が奏功し、陶軍は壊滅的な打撃を受けました。晴賢自身、逃亡の船も見つからず、追いつめられて自刃しました。

弘治二年（一五五六）二月、杉重矩の子・重輔《しげすけ》が陶晴賢の子長房を攻め、自刃に追い込みました。

『毛利元就卿伝』によると、杉重輔は父の重矩が非業の死を遂げた後、山口を抜け出し、海を渡り、豊前松山城の南にある蓑島（行橋市）に身を隠していました。重輔としては当然、松山城に戻りたかったのでしょうが、すでに陶晴賢の手の者が押さえており、自分の家臣たちの動向も分からず、島から海に突き出た城を眺めるしかなかったのかもしれません。

このとき、蓑島で重輔を匿ったのが誰かは分かりません。

蓑島は海賊の拠点でした。応仁元年（一四六七）に李氏朝鮮の申叔舟《シンスクチユ》が書いた『海東諸国紀《かいとうしよこくき》』には、蓑島に「海賊大将」玉野井邦吉がいたと書かれています。邦吉の子孫が蓑島を支配しており、大内氏や杉氏と関係が続いていたのかもしれません。

父の仇・陶晴賢が死んだとの報に接した重輔は、旧臣を掻き集め、晴賢の子・長房のいる富田《とんだ》若山城（徳山市）を攻めました。『大内氏館跡』によると、このときの「内訌戦《ないこう》」によって山口市街が消失したといわれています。

遺恨を晴らした杉重輔でしたが、翌三月、毛利氏に通じているとの疑いをかけられ、大内義長の命で、陶長房の母の弟である内藤隆世《たかよ》に攻められ、吉敷郡の宝寿院（山口市）で自害しています。

内藤隆世は一貫して大内義長に従っていましたが、弘治三年（一五五七）四月二日、毛利軍の阿曽沼《あそぬま》広秀らに且山《かつやま》城（下関市）を攻められ、討ち取られました。

翌日、大内義長が長府の長福寺（現・功山寺、下関市）で自刃、名目上も大内氏が滅亡したのでした。

玉野井邦吉の碑
（行橋市蓑島）

戦国の世とはいえ、憎しみが複雑に絡んだ凄惨な連続事件でした。

山口を占領した毛利元就は、杉家の領地であった「周防国熊毛郡・都野郡・吉敷郡、長門国厚東郡・美祢郡・豊田郡・厚狭郡内の六百二十余石を安堵」（『毛利元就のすべて』）し、杉重輔の遺児・松千代丸の家督相続も認めました。このとき、松千代丸はわずか四歳でした。

十一月に、大内氏残党に一揆が起こったときには、松千代丸を奉じる杉氏軍勢は、妙見崎山（山口市）に陣を敷いて、一揆勢を鎮圧しています。

このように、伯耆守系杉氏は大内氏滅亡後速やかに毛利氏の軍門に下ったのでした。杉松千代丸は時間を置かずに松山城に移ったと思われます。

一方、大内義長に従っていたはずの高橋鑑種のこの間の行動は分かっていませんが、義長が滅ぶ前に豊後に帰国していたようです。一説では、報告のため、豊後に戻っているうちに事件が起きたといわれています。大友義鎮が義長の滅亡を見越し、口実を付けて鑑種を呼び戻したと考えることもできます。あるいは鑑種自身の判断で義長に見切りをつけたのかもしれません。

いずれにしても、高橋鑑種は自分の兄を死に追いやった大友義鎮に再び仕えることになったのです。しかも、義鎮は鑑種を重用し、筑前攻略の拠点である宝満山城と岩屋城（太宰府市）の城督という重要な役割を与えました。

四　大友義鎮と毛利元就

守護職の大内氏が滅び、守護代として根を張っていた杉氏も政変に巻き込まれて力を失い、豊前国の状況は一変しました。

豊前国は、守護大名から戦国大名へと脱皮した豊後の大友義鎮と、国人領主から成り上がり、陶氏、大内氏を滅ぼして、安芸を中心に中国地方に一大勢力を築いた毛利元就という二人の戦国英雄の版図《はんと》に挟まれており、豊前国の国人領主たちはつねにどちらに付くかの選択を迫られていきます。

豊前国をめぐって大友氏と毛利氏の直接対決が始まろうとしています。

まず、大友氏のことです。

相模国足柄郡の大友郷を本拠とし、源頼朝の有力な御家人であった能直《よしなお》を祖とします。頼朝から豊後国守護職に補任され、その子孫が豊後に住みつきました。一万田、田原、戸次《べつき》、詫間、鷹尾、木付、入田《にゅうた》などの各氏はその庶流です。

義鑑《よしあき》の代になって、豊後一国から筑後、肥後まで版図を広げました。しかし、義鑑は長男義鎮の廃嫡を狙ったため、天文十九年（一五五〇）、家臣に襲われて落命しました。いわゆる「二階崩れの変」です。結果的に大友義鎮が家督を継ぎ、戦国大名として成長していきます。

翌天文二十年八月、大友義鎮はザビエルと出会います。豊後を訪れたザビエルを義鎮は歓待し、布教を認めました。そこには、貿易や新兵器入手という野望があったことは間違いないとしても、義鎮の場合は他の大名と違って、キリスト教自体にも深い興味を抱きました。その後、キリシタン大名として独自の行動をとるようになっていきます。

一方の毛利氏です。

源頼朝側近の大江広元の四男・季光《すえみつ》が相模国毛利荘を受け継いで毛利氏と名乗ったのが始まりとされています。孫の時親が南北朝の内乱の時期に安芸国吉田荘（安芸高田市）へ移住したといわれています。毛利元就は国人領主として、尼子氏や大内氏に従いますが、大内氏を倒した陶晴賢を厳島で破り、大内旧臣を服従させながら勢力を広げていきました。

元就は次男の元春《もとはる》を吉川《きつかわ》家に、三男の隆景《たかかげ》を小早川《こばやかわ》家に送り込み、家督を継がせました。二人は毛利両川《りょうせん》といわれ、小早川隆景は水軍を率いて山陽方面を、吉川元春は陸路を中心に山陰方面の攻略を担当しました。

大友義鎮と毛利元就は戦国大名として豊前国を舞台に鎬《しのぎ》を削ることになりますが、松山城はまさにそのど真ん中に位置していました。

松山城の主郭からは周防国の海岸線も豊後国の国東半島の山影も見えます。そのことは松山城の置かれた位置の重要性を表しており、地理的条件からも勢力争いの渦に否応なく巻き込まれざるを得ませんでした。

大内義長の時代、大友義鎮と毛利元就の間では領土をめぐる密約があったと考えられています。弘治二年（一五五六）に、元就は家臣の小寺元武を豊後に派遣していますが、その際、九州の大内領は大友が切り取るかわりに、毛利が大内義長を滅亡させ、防長を抑えることを黙認するといった内容が話し合われたようです。義鎮は豊前一国を奪うため、弟の義長を見殺しにすることを決めたのです。

弘治三年（一五五七）四月に大内氏が滅んだ直後、大友義鎮はまず、豊後国と接する宇佐郡の郡代・佐田隆居《たかおき》を懐柔し、妙見岳城に腹心の田原親賢《たわらちかかた》を送り込みました。このとき、大内時代から妙見岳城を守っていた杉因幡守隆哉は城を無血開城して大友側に降伏し、佐田隆居らと行動を共にしています。

これに対し、五月、上毛郡の山田隆朝、仲八屋宗種が反旗を翻し、大友方の広津鎮次の宅所を襲いました。隆朝らは古処山城（朝倉市ほか）に拠る秋月文種と通じていたといわれています。大蔵一族である文種はもともと独立志向が強く、「元就は弱年より干戈を枕にし、霜辛雪苦して、合戦の鍛錬密察なるべし、義鎮は生まれながらに数ヶ国の主となって、年若ければ武事の工夫少し」（『陰徳太平記』）と、大友氏に抗《あらが》ったのでした。

大友方は杉隆哉、佐田隆居、野仲重兼らが応戦し、六月十八日、山田・仲八屋軍を敗走させました。さらに、宇佐衆の田原親宏が合流して上毛郡一帯に火を放ち、二十一日には山田城（豊前市）を落城させました。この戦いを避けるため山田山に逃げていた郡内の八百人が大友軍に頸《くび》を刎《は》ねられました。その数は上毛郡の人口の四分の一になったといわれています。

大友軍は仲津郡へと軍を進め、七月に、馬ケ岳城を攻め、秋月氏から派遣された吉開氏以下百人を討ち取りました。

続いて京都郡に入り、八月十三日に松山城を攻撃しました。このとき松山城には毛利氏配下となった杉勢が籠っていましたが、大友軍の勢いに押され、いったん城を捨てたようです。

大友軍は規矩郡を攻め上がり、門司城を襲いました。門司城は、関門海峡に突き出た半島の最先端にある標高一七五メートルの山城です。対岸が丸見えであり、毛利勢を牽制するには絶好の要害です。

大内氏旧臣で毛利氏配下となっていた城代の仁保隆慰《にほたかやす》は大友軍の急襲に持ちこたえられず、逃亡しました。

こうして、豊前国の大半を大友義鎮が支配するところとなりました。

また、大友義鎮は六月、裏切った秋月氏討伐に兵を出し、戸次鑑連《あきつら》を大手の大将とし、高橋鑑種と臼杵《うすき》鑑速《あきすみ》を搦手《からめて》の将として古処山城を攻めました。城攻めは七月八日から始まり、秋月勢は懸命に防戦しましたが、衆寡敵せず、十二日に落城。城主・秋月文種は自害、嫡男の晴種も討ち死しました。文種の子、十四歳であった種実《たねざね》をはじめ種冬、種信は僧らに守られて辛くも城を脱出、毛利氏を頼って周防に逃れました。周防山口に滞在中の種実は元就の嫡子隆元と義兄弟の契りを結び、新居まで造築してもらうほどの優遇を受けたといわれています。

大友氏の豊前支配への動きに、毛利元就が黙っているはずはありません。調略の限りを尽くして乱世を生き抜いてきた老獪《ろうかい》な元就にとって密約など足枷《かせ》になるはずもなく、大内の旧領の確保をめざして九州進出に動きました。特に、門司城は防衛の観点からも絶対に譲れない重要拠点でした。

永禄元年（一五五八）、元就は二万の兵を渡海させ、門司城を奪還しました。仁保隆慰を再び城代として置きました。

五　門司合戦と蓑島海戦

大友義鎮は将軍家の権威を後ろ盾にして領国支配を進めてきました。莫大な献金を続けた見返りに永禄二年（一五五九）六月、豊前・筑前・筑後の守護職を与えられ、九州探題職も得ました。さらには、周防・長門の守護職にも任じられており、毛利元就を挑発するには十分でした。

九月には、田原親宏、同親賢に率いられた宇佐衆らが再び門司城を攻め、佐田隆居が波多野興滋、須子《すこ》大蔵を討ち取るなどの活躍を見せ、城を奪回しました。

ここで、大友氏の有力家臣である田原氏について説明をしておきましょう。田原氏は大友能直の十二男・泰広を始祖とする大友の支族です。豊後国東《くにさき》郡に地頭職を得てから同郡田原《たわら》に定着して田原氏を称しました。田原親宏は田原宗家の総帥であり、地理的条件も含めて豊前攻略の中心になっていました。

一方、田原親賢は奈多《なだ》八幡宮（杵築市）大宮司家の奈多氏の出身で、田原氏の分家である武蔵《むさし》田原氏の親資《ちかすけ》の養嗣子になっていました。親賢の妹は大友義鎮の妻でしたので、親賢は大友義鎮の側近として権力を握っていきました。このため、田原宗家の親宏との間には何かと軋轢《あつれき》が生まれていきました。

翌永禄三年十二月、毛利勢が再び門司に上陸して、門司城を奪い返しました。このとき、松山城も毛利方が奪い返したようです。

大友義鎮は繰り返される門司城の争奪戦に決着を付けるべく、永禄四年（一五六一）正月、戸次鑑連、田原親賢、臼杵鑑速ら一万五千の大軍を規矩郡へと動かしました。

大友軍は途中、松山城を囲み、攻略しました。このとき、松山城を守っていた中に杉隆哉がいました。杉隆哉は弘治三年（一五五七）六月に妙見岳城を明け渡した後、大友方として行動していたはずですが、ある時点で大友方を離脱し、毛利方に鞍替えして松山城に入っていたようです。杉隆哉と杉重良の関係はよく分かりませんが、隆哉は杉一族として行動することを選んだのでしょう。

『北九州戦国史』では、杉隆哉を「高城山城将」としています。高城《たかじょう》山は松山城と等覚寺城の中間にある標高約四〇〇メートルの山です。松山城の南、約三キロ程度の距離にあり、松山城の出城としての役割を果たせる場所にあります。杉隆哉が高城山城を守ったことは十分考えられることです。

松山城をはじめ毛利方の城は大友勢の大軍に踏み潰され、呑み込まれていきました。

大友軍は仁保隆慰が守る門司城に迫りました。

大友の大軍が動いたとの報せを聞いた毛利元就は、小早川隆景を門司城救援に向かわせました。隆景は水軍を駆使して一万の兵を門司へ入れました。

元就はまた、長男の隆元に後詰《ごづめ》として八千の兵を下関に布陣させました。

ここに、毛利氏対大友氏の史上最大の戦いが幕を開けたのです。

八月、大友軍は門司城攻撃を開始しましたが、大友義鎮はここで奇策を取りました。停泊中のポルトガル船数隻が門司城を砲撃したのです。義鎮が交易を通じて関係を深くしていたポルトガルに攻撃を依頼していたのでした。

南蛮船の砲撃は威力があり、城内にかなりの損害を与えたようですが、船団は砲撃を終えると関門海峡から去っていき、二度と姿を現すことはありませんでした。

大友軍は十月十日に総攻撃にかかりました。救援に入った小早川隆景も城を出て戦うなど、激しい戦闘が繰り広げられました。

その後も随所で戦闘が続きましたが、次第に大友軍の旗色が悪くなっていきました。苦戦を余儀なくされた最大の原因は補給路の問題でした。大友軍は国東半島沿岸の岐部、櫛来《くしく》、竹田津、真玉、姫島ら浦部《うらべ》衆の水軍を有していましたが、補給路が長く伸びきり、毛利側水軍に横から攻められて、関門の制海権を握られてしまったのです。

毛利水軍の中心である児玉就方《なりかた》の軍忠状（児玉惣兵衛文書）によると、九月六日に蓑島沖で海戦に及び、大友方の船八隻と兵士十三人を生け捕りにしています。また、同月二十八日にも蓑島で戦闘が起こっています。

海上からの補給、攻撃ができなくなり、大友方にとって戦況は日に日に不利になっていきました。

大友軍は十月二十六日、再び門司城に総攻撃をかけ、落城寸前まで追い詰めましたが、日没により攻め落とすことができませんでした。

その後も成果を上げられず、十一月五日の門司表の戦いで敗れたのを契機に、包囲を解き、撤退を開始しました。

大友勢は夜陰にまぎれて一斉に門司・小倉方面から兵を引きました。毛利軍は陸上を追撃するとともに、水軍を蓑島付近に回し、大友水軍を撃破、小倉から足立山麓を迂回して退却

「豊前今井元長船戦図」（大分市歴史資料館蔵）

を続ける大友軍を待ち伏せしました。

「豊前今井元長船戦図」（大分市歴史資料館蔵）という絵図があります。江戸時代に書かれたと推測されるこの絵図には、松山城から行橋市の沓尾《くつお》までの海岸線が引かれ、苅田、ヨハラ、行司、大橋、今井、元長などの地名が記されています。ヨハラは与原《よばる》（苅田町）、行司は行事《ぎょうじ》（行橋市）、元長が元永（行橋市）のことだと思われます。

たくさんの船が描かれており、よく見ると、船団同士が戦っていることが分かります。

絵図には永禄四年十一月二日の日付が入っており、参戦した毛利方の武将名が次のように記されています。

村上掃部頭武吉
村上新蔵人吉充
村上源三郎武満

村上越後守吉郷
村上河内守吉次
乃美兵部宗勝
末長常陸介景盛
木谷孫四郎景忠
包久五郎景勝
生口孫三郎景守
財満新右衛門就久

最初の五人の村上姓は、いずれも村上水軍で実在した人物です。村上水軍は瀬戸内海の芸《げい》予《よ》諸島に属する能島《のしま》、因島《いんのしま》、来島《くるしま》の三島を拠点とする「海賊」です。最初の村上武吉《たけよし》が能島の首領であり、三島を統括する立場にありました。次の村上吉充《よしみつ》は因島の首領。以下、武満《たけみつ》は能島の一族、吉郷《よしさと》と吉次《よしつぐ》（継）は来島の一族です。村上水軍が三島をあげて毛利軍に加わっているのです。

次の乃美宗勝《のみむねかつ》は小早川氏の重臣であり、小早川水軍の責任者です。末長、木谷、包久《かねひさ》、生《い》口《くち》は小早川氏の家臣、最後の財満就久《ざいまなりひさ》は毛利氏の家臣です。

この村上水軍の参戦を裏付ける史料があります。永禄四年十一月九日付で、毛利隆元が能島の村上武吉に宛てた感状（村上文書）です。

急度令申候、門司表豊後衆退散太慶候、旁御事、至蓑嶋被差廻、一廉被相動、敵舟数十艘被切取、剰宗徒者数輩被討果候、然者則敗軍之儀候、御手柄之段誠無比類次第候、難謝存計候、軈而別而可申入候、先以聞懸一筆令申候、猶小寺佐渡守可申候、恐々謹言

村上武吉が「蓑嶋」で「敵舟数十艘」を切り取ったことを比類ない「御手柄」と賞賛しています。

また、同日付で小早川隆景が因島の村上吉充に宛てた感状（村上文書）も残っています。

今度其表御出船稠被仰付候、依之此口敵退散候、然ハ田原（親宏）退口被待付、被砕手、数輩被討果之由到来候、誠御馳走御粉骨之次第不浅候

村上吉充が退却してきた田原親宏を待ち受けて、数人を討ち取ったことを賞賛しています。

さらに、小早川隆景は十一月二十八日付で村上武吉にも書状（村上図書文書）を送っていま

す。

就今度豊後衆門司対陣之儀、武吉御事、頓有御下向、被懸御船於敵陣前、別而被付御心候、殊更至豊前蓑嶋、我等警固同前被差廻之処、敵船今井・元永懸置之、舟持続之条被及安否、敵船切取行之事、武吉申談之由、乃兵申候、雖不初儀候、御入魂之次第非一方候、於此段者、元就・隆元可被申入候、我等又連々可申述候、恐々謹言

この書状には今井、元永という地名が正確に書かれていることが注目されます。

一方、大友側の史料としては、田原親宏が十一月十六日付で家臣の津崎左近允に送った感状（津崎文書）があります。

去五日、門司表陣慮外敗軍候、同至仲津郡国分寺原、毛利衆幷小早川内乃美兵部丞、野嶋・来嶋警固船人数依付送、自身討大刀、数ヶ所被疵之条、各捨一命終日遂防戦、被疵砕手事及数度、対家無双之忠勤、誠感悦無極候、至子孫不可有忘却之儀候、弥忠貞頼入候、恐々謹言

能島

十一月五日の門司合戦の敗戦を「慮外」であったと記し、撤退の際、待ち伏せしていた毛利勢、小早川勢の乃美宗勝、能島・来島の村上水軍に、仲津郡国分寺原で襲われ、親宏自身も数カ所の刀傷を受けたと書いています。大友義鎮の感状には戦闘の場所として「京都郡黒田之原」も記されています。

毛利勢は村上水軍の力を借りて蓑島沖の海戦で大友水軍を破るだけでなく、今井、元永辺りから上陸して、国分寺の付近や黒田（いずれもみやこ町）で、撤退してくる大友軍を待ち伏せして攻めたのです。このため、撤退軍の大半は海沿いの道を避け、臼杵鑑速らを先頭に、日田へ走りました。

この合戦がなぜ、蓑島や今井津付近で行われたのでしょうか。十五世紀末に、今井津に創建された浄喜寺《じょうきじ》の住持・村上氏は「伊予水軍の村上一族との関係が窺われ」（『行橋市史』）、蓑島や今井津が、この当時、村上水軍の西の拠点であった可能性もあります。

余談になりますが、『毛利元就卿伝』に次のような記述があります。

毛利軍の一部は翌六日乃美宗勝の指揮する小早川氏の水軍と能島・来島の水軍に護衛せられて豊前簑島附近に上陸し、退却中の大友軍を黒田原より国分寺原に至る間に襲撃して之に大打撃を与へた。その敵前上陸に当つて能島の村上武吉は大友軍水軍の将今井元永の統率する舟師と戦ひ、敵船数十艘を鹵獲《ろかく》し、敵将数人を打果した。

蓑島海戦を描いているのですが、なぜか、今井と元永の地名が合体して、今井元永という武将名になっています。作者の勘違いですが、大変面白い間違いですね。

六　小早川隆景の松山城入城

毛利勢勝利の後、小早川隆景が松山城に入城して、豊前国支配の足場を固めました。隆景は小笠原長雄（元尼子氏の家臣で、隆景の手引きで毛利陣営に下っていました）に宛てた永禄四年十二月八日付の書状（筑前麻生文書）で、「国中見渡堅固之在所之第一、浜三方海一方物寄之普請迄候」と書いています。水軍を率いる隆景から見て、海に突き出た松山城は難攻不落の要害と映ったようで、豊前国一堅固な城と賞賛しているのです。

この頃、松山城の城主は名目上、杉重良《しげよし》でした。杉重輔の子・松千代丸のことです。松千代丸がいつ重良と名乗ったかは定かではありませんが、永禄四年十二月二十三日付で、蓑島の戦いで働いた伊香賀兵庫允に重良名で感状（香原喜左衛門文書）を発行していることが確認されていますので、それ以前であることは間違いありません。

小早川隆景は幼い城主を補佐するために、天野隆重《あまのたかしげ》を置きました。天野氏は安芸国志芳堀《しわほり》荘（東広島市）を本領とする国人領主で、大内氏に属していましたが、大内滅亡後は毛利氏に従っていました。すでに還暦間近の老将でしたが元就の信頼厚く、つねに重要な役割を果たしてきました。今回もまさに九州の最前線に送り込まれたのでした。

天野隆重の後妻は毛利家の重臣・福原貞俊《さだとし》の妹です。この後、杉重良が娶《めと》ることになる妻は貞俊の娘であり、隆重と重良は伯父・甥の関係になるのでした。

小早川隆景はさらに、城番として杉隆哉や内藤就藤《なりふじ》らを置きました。その他にも、厚母《あつも》元種、中村就久、三戸有次、小野俊久らが守将として配置されました。

松山城は毛利氏にとって九州の最前線であり、そこでの勤務はまさに気の休まらない激務だったと思われます。

毛利元就が在番のひとり、内藤就藤に宛てた永禄四年十二月二十三日付の感状（内藤文書）が残されています。

為歳暮之儀小袖一領・織物并革袴上下一具到来之候、遙々懇志之至一段令祝着候、為松

山番手下向候而、辛労之趣令推量候、猶自源七郎所可申候

毛利元就が内藤就藤から贈られた歳暮の礼を言い、松山城への「下向」による「辛労」をねぎらっています。就藤の歳暮は儀礼的なものだったのでしょうか。それとも、本国に早く帰してほしいとの含みがあったのでしょうか。

門司合戦に敗れた大友義鎮は永禄五年(一五六二)六月までに出家し、「宗麟《そうりん》」と号しました。家臣の戸次鑑連と田原親賢もこれに続き、鑑連は「道雪《どうせつ》」、親賢は「紹忍《じょうにん》」と名乗りました。大友宗麟は再起をかけ、翌年にかけて執拗に松山城を攻めました。分かっているだけで、永禄五年五月十三日から翌年正月二十七日まで八回にわたって攻撃を行っています。宗麟自身も永禄五年十月ごろ、苅田に出陣しています。

しかし、大友方も一枚岩ではなかったようです。佐田氏、安心院《あじむ》氏、時枝氏などの宇佐郡衆が命令を受けながら、参陣が遅れ、吉弘鑑理《あきまさ》、戸次道雪、田原親宏の連名で出陣の督促をしている書状(佐田文書)が残っています。前年より度重なる出陣で厭戦《えんせん》気分が蔓延《まんえん》していたのかもしれません。

そんな状況ですから、攻城の意気も上がらず、天野隆重らの奮戦もあり、松山城は守りぬ

かれました。

七　高橋鑑種の反乱

永禄五年一月二十日に、毛利隆元が家臣の山田満重に送った書状（山田文書）があります。

今度筑前表高橋就現形之儀、最前以来彼面令逗留涯分申調、則此方一味候、無申計候、長々辛労之至候、猶重畳可申候、謹言

「現形《げぎよう》」とは本来、「企てや陰謀などが露顕する」（『古文書用語辞典』）という意味ですが、ここでは、寝返りの意志を明らかにするという意味だと思われます。

毛利隆元は、山田満重が高橋鑑種を調略して味方に引き入れた功労を賞しているのです。

また、同年七月十六日には、毛利元就と隆元が家臣の市川経好に送った書状（山田文書）があります。

一　其子細者、筑前高橋此方於許容者可一味之由以密々申上候、近比可然大慶候、左候

間、一日も頓同心之返事仕、現形之儀可差急儀与存候事

二　彼者現形候わば、定而筑前一国之事者即時に可事行候哉と推量候条、且豊筑之可為
大勝与存計候事

高橋鑑種の裏切りを「大慶」と喜んでいるのです。

これらから、この年に毛利方の高橋鑑種への調略が成功し、鑑種が裏切りを約束したことは間違いありません。

大友宗麟の信頼が厚く、大友氏の筑前攻略の中心人物であった高橋鑑種が、なぜ大友氏を裏切り、毛利氏に寝返ったのでしょうか。当然、毛利氏からの積極的な働きかけがあったことは間違いなく、策士の元就が調略の限りを尽くして説得工作を行ったことでしょう。

しかし、寝返りの背景としては主君大友宗麟への疑念があったのではないでしょうか。高橋鑑種が山口に滞在している間に、兄鑑相が謀反の疑いをかけられ、殺されています。しかも、それは兄嫁の美貌に目を付けた宗麟の謀略であるという噂もあるのです。

また、高橋鑑種が山口で仕えた大内義長を大友宗麟は見殺しにしていることも影響があるかもしれません。鑑種の立場は分かりませんが、奉行人として仕えた主君が哀れな最期を遂げたことに何らかの含むものがあったとしても不思議ではありません。

さらに、鑑種が名門・高橋氏を継いだときから、戦国大名として独立志向があった可能性もあります。その後の鑑種の動向を見れば、単に毛利氏へ寝返るというだけでなく、同族の秋月氏と同盟して第三勢力を築くことが、すでにこの時点で念頭にあったのではないでしょうか。

永禄六年（一五六三）になって、将軍義輝の斡旋《あっせん》により、両軍は和平に向かいました。しかし、香春岳城（香春町）と松山城の破却という条件をめぐって紛糾したようです。

ようやく講和の神文《しんもん》が交換されたのは、翌年七月二十五日でした。それによると、規矩郡は毛利、その他の豊前国は大友の領有とし、毛利方は松山城と香春岳城を破却し、大友方に渡すという条件でした。

講和の裏で、永禄八年（一五六五）、大友宗麟は食客であった大内輝弘（大内義隆の従兄弟）を指嗾《しそう》して伊予から周防大島に渡らせました。輝弘は、家督争いから兄大内義興（義隆の父）に殺された高弘の子で、大友を頼って亡命していました。輝弘は旧大内家牢人《ろうにん》の挙兵を企てましたが、惨敗して豊後に逃げ帰りました。

また、大友宗麟は毛利方に通じていた長野氏を攻撃しました。長野氏は治承五年（一一八一）に、中原助光が長野荘の地頭に任じられた後、長野氏を名乗り、長野城・三岳《みつだけ》城（小倉南区）を中心に規矩郡の有力国人領主として存在していました。等覚寺城（苅田町）も長野氏の勢力下にあり、長野助守《すけもり》が居城していました。

長野攻めは永禄八年（一五六五）六月から始まり、九月になって長野城、三岳城ら規矩郡の諸城が陥落、三岳城の長野弘勝が討ち取られました。そして、九月二十日に等覚寺城も落城、長野助守は大友方に降伏しました。

永禄九年（一五六六）になって、出雲国の月山富田城に籠っていた尼子義久が和睦の形で開城しました。東の脅威を取り除いた毛利元就は、西の九州攻略に集中する余裕ができました。


かねてから毛利に内通していた高橋鑑種が永禄十年（一五六七）六月、ついに宝満山城（太宰府市ほか）で挙兵しました。この時、安楽寺天満宮の別当小鳥居信元は、武装した僧、社官たちを引きつれて戦闘に参加し、宝満山城に入りました。また、宝満山の山伏たちも武装して参戦したといわれています。「当時の寺院や神社にとっては、かつての広大な神領が次第に有力諸豪に侵略されて、単なる小領主的司祭者となり、戦禍の中に武士化して自らの神領を守らざるを得なくなっていた」（『筑前戦国史』）のです。

高橋鑑種謀反の報を受け、大友宗麟は最初信じなかったと言います。しかし、謀反がはっきりしてくると、烈火のごとく怒り、直ちに出陣を命じました。豊後、肥後、筑後の兵二万を動員して、戸次道雪、臼杵鑑速、吉弘鑑理らの諸将を討伐に向わせました。

七月七日、毛利軍は大宰府に入りました。

高橋鑑種は八千騎余りを率いて城外に出て戦いましたが、兵力に勝る大友軍に押されて後退し、籠城へと戦術を変えました。

一方、高橋鑑種の挙兵に呼応して秋月種実も大友への報復戦に出ました。種実は父文種が大友に討たれた後、毛利領でかくまわれていましたが、永禄二年ごろ、筑前に戻っていたようです。種実は毛利の援兵を受け、近隣の浪人も召し抱えて、古処山城に籠りました。さらに、勝尾城（鳥栖市）の筑紫広門、高祖《たかす》城（糸島市）の原田親種も大友氏に反旗を掲げました。

永禄十一年（一五六八）四月、松山城にいた杉隆哉が西郷隆頼とともに大坂山（みやこ町）で挙兵しました。隆頼は西郷有政の流れをくみ、仲津郡の不動岳《ふどうだけ》城（みやこ町）に拠っていましたが、永禄二年八月に挙兵して失敗、毛利領内に逃げていました。杉隆哉と組んで、再び反乱を試みたのでした。

しかし、大友方に攻められて陥落、両者は降伏しました。西郷隆頼は、その後、大友宗麟から豊前国内で五十町歩を預け置かれています。杉隆哉の行方は定かではありません。

さらに同年、大友氏一族の立花鑑載《あきとし》も毛利へ寝返り、立花山城（新宮町ほか）に籠りましたが、戸次道雪ら大友軍に攻められて、七月に城が陥落しました。鑑載は処刑され、立花氏は断絶しました。

大友勢は松山城にも攻めかかりました。城方は幼い城主・杉重良を家臣が支えて、何とか大友軍の猛攻を退けました。永禄七年の講和で松山城は破却のうえ、大友方に渡す条件でしたが、実際には破却されることはなく、杉重良は居続けていたようです。

毛利方は四国に展開していた吉川・小早川の主力を豊前に差し向け、足立山に布陣。九月、長野城・三岳城、等覚寺城を攻略しました。等覚寺城は九月五日に落ち、城主の長野助守は豊後に亡命しました。大友宗麟はのちに彼に馬ケ岳城を預け、京都・仲津両郡の治安維持にあたらせています。

これで、豊前北部は毛利氏が平定し、松山城は孤立状態を脱しました。

毛利氏は次に、大友氏の手に落ちた立花山城を攻めるとともに、水軍の中継地として、海に面した小倉に城を築きました。

毛利軍は小倉城を経て、名島沖に水軍を集結させ、永禄十二年（一五六九）四月、四万の軍勢をもって立花山城を占領しました。この報せを受けた大友氏は三万五千の兵を多々良川西岸に集結させ、毛利軍と干戈を交えましたが決着がつかず、両軍は半年にわたって対峙しました。世にいう多々良浜合戦です。合戦は大小合わせて十八回に及んだと伝えられています。

この間、宝満山城の高橋鑑種は毛利軍に協力してゲリラ戦を展開し、必死で防戦しました。

一方、秋月種実は大友方の攻勢に耐えかね、降伏してしまいました。

八　毛利氏の九州撤退

豊前を平定し筑前をも呑み込む勢いの毛利氏でしたが、永禄十二年秋になり、一転して危機的な状況に見舞われます。

尼子氏の旧臣・山中幸盛（鹿介）が尼子一族の勝久を擁して出雲に侵入し、月山富田城を包囲したのです。このとき城を守っていたのは、天野隆重でした。隆重は永禄四年ごろから、杉重良を補佐して松山城を守っていましたが、九州の最前線から東の最前線である月山富田城に「異動」になっていたのです。

これに呼応するかのように、大友宗麟が起死回生の策に出ました。大内輝弘に豊前の軍勢を付けて、再び周防を襲わせたのです。まさに、「敵の心臓部を突くという一発勝負を狙った捨て身の作戦」（『九州のキリシタン大名』）でした。

大内輝弘は豊後鶴崎を出発、若林鎮興率いる大友水軍に護送されて、十月十日に対岸の秋《あい》穂《お》浦（山口市）を襲撃しました。かつて大友氏と戦った村上武吉率いる水軍はこの時期、毛利氏との関係が良くなく、大友水軍の動きを黙認したようです。

毛利勢の守りは手薄で、大内輝弘軍は簡単に上陸すると、椹野《ふしの》川東岸を北上し、十二日に山口へ侵入しました。山口町奉行・井上就貞はわずかな手勢で防戦しましたが、衆寡敵せず、戦死しました。輝弘は山口の大内館跡の龍福寺に布陣すると、詰城《つめじろ》の高嶺《こうのみね》城を攻撃しました。城将の市川経好は九州へ出征しており、内藤就藤と山県元重が百余人の兵とともに留守を預かっていました。

内藤就藤。永禄四年に、松山城から毛利元就に歳暮を贈った男です。希望通り九州を脱出できたということでしょうか。

九州攻めの本陣・長府（下関市）にいた毛利元就は、山口占領の急報を受け、立花山城にいた吉川元春、小早川隆景に撤退を指示しました。両者は十月十五日に城を離れ、十八日には長府へ退去しています。毛利勢は門司城のみを残して九州から兵を引き上げました。松山城も例外ではなく撤退、杉重良も長門国の領地へ去りました。

大友氏は松山城を接収し、馬ケ岳城の長野助守に任せたようです。

長府に帰還した吉川元春は、即座に山県春直らを先鋒として山口へ向かわせました。春直らは高嶺城兵と呼応して大内輝弘軍と衝突し、これを破りました。吉川元春は福原貞俊とともに一万の兵を率いて二十日に長府を発し、夜、防・長国境近くの厚狭《あさ》郡二俣瀬《ふたまたせ》村（宇部市）に着陣しました。

この報せを受けると、大内輝弘陣営は浮足立ち、逃亡者が相次ぎました。輝弘は山口を捨て、豊後に戻るため秋穂浦まで落ちましたが、大友水軍は毛利の大軍が長府に動いたという報せを聞き、豊後に戻った後でした。進退に窮した輝弘は、佐波郡富海《とのみ》の茶臼山（防府市）で自刃。部下百余人がこれに殉じました。大内氏再興の夢が完全に潰《つい》えた瞬間でした。

毛利勢の九州撤退で孤立したのが、宝満山城に籠る高橋鑑種でした。鑑種は小倉城に移り、毛利方の門司城を牽制することを条件に大友氏に降伏したといわれています。

高橋鑑種は再び大友側に下ったとするのが通説ですが、その立場は微妙であったようです。光成準治氏は『関ケ原前夜　西軍大名たちの戦い』で「鑑種は大友氏家中に復帰したとの見解もあるが、実際には毛利氏と大友氏の講和の条件として小倉城の領有を認められたものと考えられ、毛利氏寄りの独立的な領主となった」と推理しています。

高橋鑑種の小倉城入城は毛利氏と大友氏の暗黙の了解の中、小倉を緩衝地帯としたと考えるのが妥当かもしれません。

一方、高橋鑑種を追放した跡の宝満山城には、大友一族の吉弘鑑理の二男、鎮理《しげまさ》が入りました。入国に際し、鎮理は主君大友宗麟の命令で、高橋氏の名跡を継ぎ、高橋氏の通字「種」を受けて、高橋鎮種《しげたね》（紹運《じょううん》の名で親しまれていますので、以下、「紹運」に統一します）と名乗りました。

ここに、高橋氏は、鑑種の豊前高橋氏と、紹運の筑前高橋氏が並立することになったのでした。

また、大友宗麟は、立花山城に重臣・戸次道雪を入れ、筑前支配を固めようとしました。道雪は各地の戦いで中心となった勇将で、このとき、すでに五十歳を超えていました。道雪は、立花鑑載の敗死で断絶していた立花氏の名跡を継ぎ、のちに立花道雪と名乗りました。ちなみに、高橋紹運の長男・統虎《むねとら》は、立花道雪の一人娘・誾千代《ぎんちよ》の婿として立花家の養子に入っています。のちの立花宗茂です。

元亀二年（一五七一）、毛利元就が死亡しました。七十五歳でした。毛利家は長男の隆元がすでに永禄六年に陣中で亡くなっていましたので、孫の輝元《てるもと》が後を継ぎました。実質的には、毛利二川といわれた吉川元春と小早川隆景が中心になって毛利家を動かしていきました。二人は元就の遺言を守って領地の防衛に専念しますが、急激に勢力を拡大する織田信長との対決を余儀なくされていきます。

毛利氏の九州への影響は薄れ、豊前国は大友氏の支配下に置かれました。松山城は引き続き、馬ケ岳城の長野助守の抱城《かかえじろ》であったと思われます。

九　杉重良の反乱

天正六年（一五七八）一月、日向国中央部を支配していた伊東義祐が島津義久に攻められ、大友宗麟を頼って亡命してきました。さらに、日向国北部の縣《あがた》（延岡市）の領主・土持親成《つちもちちかしげ》が島津に寝返りました。大友氏は直接島津の脅威を受けることになったのです。

大友宗麟は子の義統《よしむね》を縣に派遣し、土持氏の松尾城（延岡市）を攻め落とし、耳川以北を大友氏の支配下に置きました。

七月、大友宗麟は臼杵の教会で洗礼を受けました。教名はドン・フランシスコ。かねてから宣教師を保護し、キリシタンに深い理解を持っていた宗麟でしたが、自ら洗礼を受けたことに家臣の多くは衝撃を受けました。

家中の動揺をよそに、大友宗麟は日向攻めを敢行しました。単なる戦ではありません。豊後国内では一族・重臣らの反対でほとんど不可能となっていたキリスト教国家の建設をなしとげようと思い立ったのでした。

九月、田原紹忍ひきいる大軍を府内から進発させました。紹忍は奈多神宮の神官の出で、当然ながら主君のキリスト教政策には反対でしたが、側近としての立場を優先し、日向攻めの中心を担いました。

大友宗麟は務志賀《むしか》（延岡市）を自身の居所に定め、新しい都市の建設に取り掛かりました。教会の建設に際しては、宗麟の命で破却された仏教寺院の材木が使用されたといわれています。

十月、田原紹忍ひきいる大友軍の主力は耳川を渡って南下し、島津氏の日向北部に対する戦略拠点であった高城（木城町）を包囲しました。十一月十二日、大友軍は島津軍に総攻撃をかけましたが、島津軍の逆襲にあって総崩れとなりました。吉弘鎮信、斎藤鎮実《しげざね》、臼杵鎮続《しげつぐ》、田北鎮周《しげかね》などの重臣が討ち死する惨敗でした。

島津、龍造寺とともに九州を三分していた大友氏でしたが、耳川の敗戦を機に一気に勢力を弱めていきました。

大友の支配に甘んじていた国人衆がこの情勢を見て離反を始めました。

秋月種実は、再び大友氏への反旗を鮮明にし、大友方の城を攻撃しました。翌年には彦山座主の舜有《しゆんゆう》とも盟約を結ぶなど活発に活動し、豊筑領内に二十四の城を配して兵威を振いました。

高橋鑑種は大友方の千手《せんず》氏が守る香春岳《かわらだけ》城（香春町）を奪い取り、さらに障子《しょうじ》ケ岳《だけ》城（みやこ町）も手に入れました。鑑種は秋月種実の子・元種（弟という説もあります）を養子に迎え、香春岳城を任せました。

秋月種実にとって高橋鑑種は、父・文種を攻め殺した仇ですが、毛利でも大友でもない第三勢力の独立を夢見て、同じ大蔵党の高橋と組んだのでした。

勢いに乗った秋月種実は京都郡にも侵入して来ました。これに呼応して、大友宗麟から京都郡・仲津郡を任されていた長野助守が大友に反旗を掲げました。種実の弟・種信が長野氏の養子に入るなど、両氏は接近していました。


こうした中、かつての松山城主・杉重良が長門国から簑島に渡海してくる騒動が起きました。大友方の田原親宏の調略に応じ、松山在城時代に与えられていた京都郡、仲津郡の奪回をめざしたのでした。

天正七年（一五七九）一月、小倉城の高橋鑑種が鎮圧に駆けつけてきました。かねてから毛利氏の家臣・内藤隆春から決起を促されていた鑑種は、杉重良の動きに触発されて、再び毛利方として行動することを決めたのでした。

高橋鑑種は松山城に入りました。当時の松山城は馬ケ岳城の長野助守の抱城ですが、助守もすでに毛利方に寝返っていましたので、問題はありませんでした。

ここに、田原親宏・杉重良の大友連合軍と高橋鑑種・長野助守の毛利連合軍が戦うことにて戦うのです。

最近まで大友方であった高橋・長野と毛利の家臣であった杉が立場を逆転させなりました。

さらに、田原親宏の立場も微妙でした。田原親宏は直前に、領地をめぐる不満から、大友宗麟に無断で帰国するなど反抗的な態度を示していました。また、秋月種実の妻は田原親宏の娘であり、さらに長野助守の子が田原親宏の養子（親貫《ちかつら》）に入っています。なぜ杉重良を大友に加担させ、自ら長野と戦ったのか、その心情をはかる術《すべ》はありません。

両軍は二月二十八日、仲津郡大橋で対決、田原・杉勢が勝利しましたが、その後形勢が逆転し、簑島に追い詰められました。田原親宏は国東に逃げ帰り、間もなく病死しました。杉重良は三月三日、椎田で高橋勢に討ちとられました。

この騒動に関して、毛利輝元が杉重良の子・元良に対して、天正七年一月十八日付で次のような書状（杉七郎左衛門文書）を送っています。

今度親父重良事、至蓑嶋令渡海、敵心候、不及是非候、然上者一家断絶雖勿論候、以母儀覚悟無同心之段、神妙之至候、就夫貞俊重畳詫言候条、対彼親子令分別候、如前々領地等無相違全有知行、悔先非馳走肝要候、仍一行如件

つまり、重良は裏切ったが、妻の父である福原貞俊の「詫言」もあり、元良に知行を安堵するという手紙なのです。非常に甘い処置です。『豊津町史』は「杉重良の行動を毛利氏が黙認していたのではないか」と推測しています。

田原親宏の死後、養子の親貫は毛利氏や秋月氏と通じて大友氏に背き、海上から府内を襲う作戦をとりましたが、失敗に終わり、翌年殺害されています。

大友宗麟はわが子親家に田原宗家を継がせました。こうして、大友一族の中で最大勢力であり、半ば独立した地位にいた田原氏が事実上滅んだのでした。

この間の一連の騒動は、戦国時代とはいえ、理解しがたいほど複雑な構図です。真相がどうだったのかは、今となっては分かりませんが、ただ一つ確実なのは、大内時代から関わりが深かった杉氏が松山城と完全に縁が切れたことです。

杉重良を討ち取ってから二か月も経たない四月二十四日、高橋鑑種は小倉城で病死しました。五十歳でした。辞世は、

末の露もとの雫や世の中の　おくれさきたつならひなるらん

まさに、波瀾万丈の生涯でした。筑前高橋氏の高橋紹運が大友一筋で後に壮絶な最期を遂

げるのと対照的に、大友氏、毛利氏、さらには秋月氏と慎重に戦国時代を泳ぎ回った生涯であり、その分かりにくさが紹運ほどの人気を得られていない理由だと思います。しかし、ぎりぎりの駆け引きを続けた男の独立への限りない執念を感じずにはいられません。

鑑種は置文（遺書）を残しています。

豊筑の諸家、左に担せんか、右に担せんか、両端を模稜《もりよう》するのみ。大将旗を靡かすれば即ち掌握に帰す。四老、劉を安んぜんか、劉を滅せんか。老や、よくよく此れ吟味希ふ処に候。

（『筑前戦国争乱』の読み下し文を引用）

「劉」とは大蔵氏が劉邦の末裔と伝えられていることから、大蔵一族のことを指しています。吉永正春氏は、『筑前戦国争乱』の中でこの置文を次のように解釈しています。

豊筑の諸家は左に付こうか、右に付こうかと去就を決めかねている。このときにあたり、劉氏の大蔵一門が結束して大将の旗振りをすれば、きっと諸家を掌握することができよう。四人の老臣たちよ、劉家を安泰にするか、滅亡させるかよくよく考えてもらいたい。

高橋鑑種の死後、跡を継いだ元種は、実父の秋月種実と行動を共にします。種実は長野助守をも支配下に置き、京都郡・仲津郡を支配しました。

その長野助守の天正七年九月二十八日付の覚書（神代長野文書）が残っています。その中に、「松山城普請を御延引の事」とあります。この覚えは誰に宛てたものか定かではありませんし、普請を引き延ばすという意味も分かりませんが、松山城が引き続き長野助守の抱城になっていた可能性が高いと思われます。

しかし、天正九年（一五八一）の毛利輝元の書状（毛利伊勢文書）には、「長野事松山取付之由候　非無不審候　高橋と内々宿意共候哉」とあります。つまり、高橋元種の松山城を同じ毛利側の長野氏が攻めており、毛利輝元が不審がっているのです。

この書状を素直に読めば、松山城は天正九年には高橋元種の抱城になっていることになります。天正七年の杉重良の反乱鎮圧時に高橋鑑種が入城して以来、鑑種の死後も高橋勢が居座っており、そのことに京都郡の支配を目論む長野助守の不満が高じた結果なのかもしれません。

秋月勢と行動を共にし、毛利氏に従っていたとはいえ、長野助守の微妙な立場を垣間見ることができます。

十　黒田官兵衛の布陣

有力大名のいない豊前や筑前の国人衆は、毛利氏と大友氏の間で、生き残るために何度も立場を変えざるを得ませんでした。

そこに島津氏の台頭があり、さらに複雑さを増していきます。耳川の戦いの後、大友氏が衰退し、龍造寺氏も天正十二年（一五八四）に沖田畷《おきたなわて》で島津氏に破れて力を失い、島津氏が九州を席巻するようになりました。

大友氏の支配を離れて、いったん独立を模索した秋月勢も、今度は島津氏の支配下に入らざるを得ませんでした。

一方、大友宗麟は追い詰められて、ついに豊臣秀吉に泣きつきました。上京して、島津討伐軍の派遣を要請したのです。秀吉はいわゆる「惣無事令」を発し、島津に使者を遣わして大友との和平を勧告しますが、島津義久はこれを無視、九州平定を目指して北上しました。

天正十四年（一五八六）七月、島津軍は筑紫広門が守る勝尾城（鳥栖市）を落とし、秋月氏の案内で大宰府に入り、高橋紹運の守る岩屋城を攻めました。半月余の攻防戦の結果、紹運以下八百の城兵は全員玉砕しました。寝返りが日常茶飯事の時代にあって、大友一筋を貫い

た壮絶な死でした。三十九歳。辞世の句は、

流れての末の世遠く埋れぬ　名をや岩屋の苔の下水

島津軍は続いて紹運の二男統増《むねます》の守る宝満山城も下し、立花統虎が守る立花山城に迫りました。統虎の養父・立花道雪は前年九月十三日、猫尾城（八女市）攻めの陣中で、七十三歳で病没していました。

島津軍は立花山城を囲みましたが、「秀吉が動く」との報に触れ撤退しました。

豊臣秀吉は黒田孝高《よしたか》（「官兵衛」の通称で親しまれていますので、以下、表記を「官兵衛」とします）を軍奉行に任じ、すでに秀吉の軍門に下っていた毛利輝元、吉川元春、小早川隆景の毛利勢に豊前への出陣を命じました。また、豊後には仙石秀久を軍監に、長宗我部《ちょうそかべ》元親、十河存保《そごうまさやす》らの四国勢を向けました。

黒田官兵衛と毛利勢は十月三日海を渡り、翌日、二万五千の軍勢で小倉城を囲みました。小倉城は、香春岳城に拠る高橋元種の支城でしたが、大軍に抗しきれず、城兵は香春岳方面に逃げ去りました。

『黒田家譜』によると、小倉城を落とした毛利軍は苅田へと陣を進めました。このときの松山城はどういう状態であったか示す史料は見当たりません。天正九年には高橋元種の抱城で

あった可能性は高いのですが、このときも高橋の城だったとしたら、すんなりと明け渡すはずはありません。『黒田家譜』には松山城で戦闘があったとの記述はなく、再び、馬ケ岳城主・長野助守の抱城に変わっていた可能性があります。助守は天正九年に松山城を攻めた後、城を奪取していたのかもしれません。そうであれば、助守がこの段階で秋月・高橋勢と縁を切り、豊臣側に降伏を申し出て、松山城を無血開城して毛利軍を迎え入れたのでしょう。

官兵衛の調略は近隣の豪族に及び、国人領主が次々と松山城を訪れ、降伏を申し出ました。しかし、高橋元種だけは対決姿勢を変えませんでした。小倉城は奪われたものの香春岳城を本拠に、障子ケ岳城、宇留津《うるつ》城（築上町）などの支城を持っていました。

毛利勢はまず、宇留津城を攻めることにしました。宇留津城を守るのは加来《かく》基信。高橋元種に人質を取られていたため、降伏することができなかったといわれています。天正十四年十一月七日、小早川隆景と黒田官兵衛は宇留津城を攻め、一日で落城させました。

『黒田家譜』によると、敵兵二千余人のうち、千余人の首を取り、残る男女三七三人を生捕にして磔《はりつけ》にかけました。報告を受けた秀吉は、隆景と官兵衛に「心地よき次第候」と書いた十一月二十日付の感状（『黒田家譜』）を与えています。

もし、高橋元種の勢力が松山城を抑えていたならば、松山城でも同じような惨劇が繰り広げられたかもしれません。

宇留津城を落とした毛利軍は、十一月十五日に障子ケ岳城を攻め落とし、二十日には高橋元種の本拠・香春岳城への攻撃が開始されました。

高橋元種は二十日間にわたって抵抗を続けましたが、十二月十一日、総攻撃を受けて、降伏しました。

ルイス・フロイスの『日本史』には、香春岳城には六、七千人の戦闘員のほかに、男女・子供を混じえて五万人余りの者がいた、と書かれています。数字には誇張があるでしょうが、香春一帯の人々がこぞって地域の拠点城郭に避難したようです。

香春岳城を落とした黒田官兵衛はそのまま城に留まり、その他の諸軍は松山城や馬ケ岳城に拠って、秀吉の下向を待ちながら越年しました。

このとき、松山城には小早川隆景の家臣・仁保元豊や湯浅将宗《まさむね》が城番として入っています。

なお、毛利両川のひとり吉川元春は体調を崩し、小倉城に留まっていましたが、障子ケ岳城が落ちた十一月十五日、小倉城で息を引き取りました。『黒田如水伝』(金子堅太郎著)では、元春は松山城にいた黒田官兵衛に招かれ、生鮭を食べて病気が再発したのが死因としています。

天正十五年(一五八七)三月一日、ついに豊臣秀吉が大坂を発しました。二十八日、小倉に入り、軍評定を行って全軍を二手に分けました。翌二十九日、秀吉は馬ケ岳城に入りました。四月一日には秋月種実の出城・岩石城《がんじやく》（添田町）を包囲、蒲生氏郷《がもううじさと》、前田利長らの猛攻で一日で落城させました。その圧倒的な兵力に、秋月種実・種長親子もついに抵抗を諦め、頭を丸め、博多の豪商・島井宗室から譲り受けた名器「楢柴」の茶入れを献上して、降伏しました。「筑前最大の所領（実勢三十六万石）を持ち」（『筑前戦国争乱』）、独立を模索し続けた秋月種実でしたが、畿内、中国、四国を従えた秀吉の敵ではありませんでした。

総勢二十万ともいわれる大軍が、島津めざして二手から南下しました。

豊後から日向を経て薩摩に攻め入る「南軍」は、豊臣秀長を大将に、小早川隆景を先陣とし、毛利輝元、吉川元長（元春の子）、宇喜多秀家、長宗我部元親、大友義統（宗麟の子）らが続きました。黒田官兵衛も同行しました。

長い間対立を続けていた毛利氏と大友氏が初めて味方同士となって出陣したのでした。

一方「北軍」は、豊臣秀吉自ら大将となり、降伏した高橋元種、城井朝房を先鋒に、豊前から筑前・筑後を経て薩摩を目指しました。

秀長軍は、豊後の府内から兵を引く島津軍を追って南下し、三月二十九日に縣城を落とし、四月六日には耳川を渡り、高城を包囲しました。四月十七日、島津義久・義弘・家久三兄弟率いる二万の大軍と根白坂《ねじろざか》（木城町）で会戦、勝利しました。ついに二十一日、義久が和睦を申し入れてきました。

十一　松山城の改修と廃城

九州を制圧した秀吉は、天正十五年七月三日、小倉城に入りました。九州仕置を発表し、諸将に知行宛行状《ちぎょうあてがい》を出しました。

黒田官兵衛には豊前国八郡のうち、京都・仲津・築城・上毛・下毛五郡と龍王城・妙見岳城を除く宇佐郡計十二万石が与えられました。龍王城・妙見岳城は、大友氏の一族である田原紹忍と田原親盛（大友宗麟の三男、紹忍の養子）に与えられています。規矩郡と田川郡は毛利勝信の所領となりました。小早川隆景は四国攻めの後、伊予一国を得たばかりでしたが、筑前一国と筑後・肥前の一部三十七万石に移りました。また、降伏した秋月種長（種実の子）は日向国財部《たからべ》（高鍋）三万石、高橋元種は日向国縣五万三千石に移されました。吉永正春氏は『九州戦国の武将たち』で「封領の差は元種の方が早く降伏したからであろう」と推測しています。長野助守は筑後で小早川隆景の与力になったと伝えられていますが、他にも諸説あり、定かではありません。

黒田官兵衛は秀吉の指示により馬ケ岳城に入りましたが、山城で政治・経済の中心にはなりえないため、中津川（山国川）に面した平城《ひらじろ》・中津城を築きました。

松山城は黒田十二万石の最北端、黒田藩領の境を守る支城となりました。中津城の築城と併せて松山城の改修が行われたものと思われます。

昭和六十一年（一九八六）から平成三年（一九九一）まで行われた苅田町教育委員会の調査で、山頂に主郭、東側に二の郭、三の郭が連結されていることが確認され、礎石、石垣、石段など主郭に関わる遺構が現存していることが判明しました。『福岡県の名城』によると、これらの遺構には随所に織豊《しょくほう》系縄張り技術が見られ、黒田氏が大規模改修したことが分かります。

慶長五年（一六〇〇）、徳川家康率いる東軍と石田三成を中心とした西軍の対立が激化すると、官兵衛は、家康に従う我が子長政とは別に、中津城で兵を集め、西軍の大友義統らとの戦いに臨みました。大友義統は豊後一国の領主でしたが、朝鮮出兵で臆病な振舞いがあったとして豊臣秀吉の逆鱗に触れ、改易されていました。西軍の毛利輝元の支援もあり、旧臣の田原紹忍、吉弘統幸《むねゆき》らの支援を受けて、お家再興を夢見て挙兵したのでした。

『黒田家譜』によると、黒田官兵衛は出陣に当たって、松山城には衣笠景延《かげのぶ》（久右衛門）を城代に、約一五〇の兵を置いていますす。規矩郡は西軍に属した毛利勝信の領地であり、狸山峠を境にして黒田領と接していますから、北の守りの拠点として松山城の存在は飛躍的に重要になったのでした。

後に黒田二十四騎のひとりになる衣笠景延は、播磨の豪族の出です。端谷城《はしたに》（神戸市）に拠る兄の範景は別所長治と共に織田軍と戦い、滅んだと伝えられています。景延自身は御着城《ごちゃく》（姫路市）の小寺氏に仕えており、黒田氏の与力から家臣になっています。

九月十三日、黒田軍は石垣原《いしがきばる》（別府市）で大友軍と激突し、これを破りました。十五日に大友義統は降伏しました。奇しくも関ケ原の戦いで東軍が勝利した日でした。

結局、西の関ケ原といわれる石垣原の戦いによって、戦国大名としての大友氏は事実上滅びました。

一方、毛利輝元は関ケ原の戦いで西軍の総大将に押し上げられ、大坂城にあって戦わずして敗れました。皮肉にも勝敗を決したのは、小早川隆景の養子・秀秋の裏切りによってでした。

毛利氏はかろうじて防長二国のみを得て生き延びました。小早川秀秋は岡山に大封《たいほう》を得ましたが、死後、改易となりました。小早川隆景が率いた水軍も歴史の波間に消えました。

関ケ原の戦いの後、黒田長政に筑前五十二万石が与えられ、官兵衛も一緒に移りました。

黒田氏筑前移封後、衣笠景延は三千石を拝領しています。

福岡市博物館発行の『黒田長政と二十四騎』によると、衣笠景延は「はじめは久右衛門、のち因幡と名乗り、晩年は卜斎」と号し、「歌人としての才能もあった」ようで、寛永八年（一六三一）、八十四歳で亡くなっています。辞世の句は、

八十あまり作りおきたる罪咎を今切りはらう吹毛の剣

なお、景延の屋敷があった地域は、彼の名をとって「因幡町」と呼ばれました（昭和三十九年に天神一～五丁目に編入）。町名にちなんだ「因幡うどん」が現在も営業しており、松山城を守った衣笠景延の名残りを留めています。

松山城跡全景（苅田町教育委員会提供）

「城」の物語も終わりが近づいてきました。

黒田氏が去った後には、細川忠興が豊前一国に豊後国の国東郡と速見郡の一部を加えた三十万石で入封してきました。

『太宰管内志』によると、松山城は慶長十一年（一六〇六）、「台命」（将軍の命令）により、廃城になりました。城がなくなり、城に関わった人たちも引き上げて、松山の周辺は無人の荒野になりました。

元和五年（一六一九）、長州浪人・伊藤次郎兵衛が移住し、新田開発に取り組んだといわれています。

元和八年（一六二二）、細川藩が編纂した「小倉藩人畜改帳」（『大日本近世史料』）では松山は家数五、人数は十人とわずかであり、移住した浪人以外には殆ど人が住んでいなかったことが分かります。

城跡は牧場として使われました。細川藩は寛永元年（一六二四）に松山に牧場を設置し、薩摩から取り寄せた馬を放牧しました。子馬が崖から墜落死したという報告の史料（『福岡県史近世資料編　細川小倉藩㈠』）があり、城郭をそのまま利用した牧場だったようです。土塁が柵の役割を果たしたのかもしれません。

激しい攻防戦の舞台となった場所でのんびりと馬が草を食《は》み、松山城の物語が静かに幕を閉じました。

第二章　幕末「峠」の物語

倉兵剽悍——小倉戦争狸山の陣

序――松山の遠見番所

戦国時代の終わりとともに松山城も消え去り、跡地は細川藩により牧場となりました。しかし、それも長くは続きませんでした。細川氏がわずか三十年余りでこの地を去ったからです。

寛永九年（一六三二）、肥後の加藤忠広（清正の子）が改易されたのに伴い、細川忠利（忠興の子）が大幅に加増のうえ、肥後一国五十四万石を得ました。細川藩の転封とともに松山牧場は閉鎖され、「飼育されていた馬は、全て肥後に連れて行かれた」（『築城町誌』）と考えられています。

代わって豊前国に入ったのは小笠原一族でした。寛永九年、小倉城に明石十万石の小笠原忠真《ただざね》（忠政）が入り、京都・企救・田川・仲津・築城郡及び上毛郡の大半十五万石を領しました。忠真の甥・長次に中津八万石、弟の松平重直に宇佐龍王三万七千石、同じく弟の小笠原忠知には豊後国木付《きづき》（杵築）四万石が与えられました。

小笠原氏は清和源氏の流れをくみ、鎌倉・室町幕府で武家礼法指南を務めた名族です。戦国時代、信濃を拠点としていましたが、武田信玄に敗れ、徳川氏の傘下に入りました。徳川家と縁戚関係を結んで有力な譜代大名となり、松本（八万石）、明石（十万石）と常に徳川勢力の最前線に配置されてきました。徳川家康の信頼が厚かったことが分かります。

図２　小倉藩域図
（参考資料：『軌跡かんだの歴史』）

当時の九州では、島津、黒田、細川など有力な大名はほとんど外様大名でした。譜代大名は日田の石川氏六万石のみと、徳川幕府の浸透度が非常に低い状態でした。また関門海峡を挟んで、関ケ原で敗れた外様の雄藩・毛利藩が蟠踞《ばんきょ》していました。このため、小笠原氏は内海航路の要地を押さえて外様大名を監視する、「九州探題」としての役割を担っての入部でした。

牧場もなくなり、単なる小高い山でしかなくなった松山が、再び歴史に顔を出すのは「遠見番所」としてです。

正徳五年（一七一五）、小笠原藩は密貿易を監視するために葛葉《くずは》（門司区）、藍島《あいのしま》、馬島《うましま》（以上小倉北区）とともに松山に遠見番所を置きました。松山は百年以上の眠りから醒め、再び歴史の片隅に姿を現したのです。「巡視上使御答書」（『福岡県史資料』）によると、松山番所には歩行通者一人、足軽二人が詰めていました。「歩行通者」とは、異変があったら麓へ知らせる役のことでしょうか。

十九世紀になると、日本近海に外国船が現れるようになり、幕府は文政八年（一八二五）、異国船打払令を出して、来航阻止の方針を出しました。しかし、アヘン戦争（一八四〇年）で中国が敗れたことが伝えられると、幕府は天保十三年（一八四二）に、薪水給与令に改めて衝突を回避し、海防体制の強化を図るようになりました。

こうした状況で、遠見番所にも密貿易以外に外国船の監視が主な任務として加わったことは容易に想像できます。

松山番所にはもう一つ重要な役割があったはずです。対岸の長州藩を監視することです。関ケ原の戦いの後、徳川家康から防長二国に押し込められた毛利氏の長州藩は、二百六十年の時を経て、再び歴史の主役に躍り出ようとしていました。長州藩は毎年、年頭に、家老が「（倒幕の）機はいかに」と尋ねると、藩主が「時期尚早」と答えるという慣わしがあったという伝承があります。長州藩が幕府に対して領地を減らされた恨みを抱き続けてきたことをよく表現しています。

一方、小倉藩は徳川家の譜代・小笠原氏です。藩祖の忠真は徳川家康の孫娘（信康の子）を母としており、縁戚関係を誇る譜代中の譜代の家柄でした。

宿命的と言えるほど立場が正反対の二つの藩が関門海峡を挟んで対峙していたのです。幕末の動乱の中で、立場の違いは大きな軋轢《あつれき》を生んでいきます。

松山番所からは周防国の海岸がよく見えます。番所の役人は長州藩の沿岸で起こる異変を監視していたことでしょう。

一　島村志津摩の改革

嘉永五年（一八五二）、小倉藩七代目藩主の小笠原忠徴《ただあきら》は弱冠二十歳の島村志津摩貫倫《しづまつらとも》を家老に選びました。小倉藩の家老は中老十四家から最大五人の家老を選ぶ制度でした。中老格の島村家から家老が出ることは制度の範囲内であり、身分を超えた抜擢ではありませんが、二十歳の若さで選ばれたというのは、忠徴が志津摩の能力にいかに期待していたかが分かります。

翌年、もう一人の男が家老になりました。小宮四郎左衛門親懐《ちかかね》（のちの民部）です。島村志津摩より十歳年上の三十歳でした。

小宮四郎左衛門はもともとは馬廻り役二百石の秋山光芳の息子でしたが、中老格の小宮家に養子に入っていました。四郎左衛門にとっては、養子というコンプレックスの裏返しとして、小宮家の「格」を意識せざるを得なかったと思います。

小倉藩の家臣団は取り立てられた時期によって区別されていました。小笠原氏発祥の地・信州以来の旧臣の家系は藩内の譜代としての矜持《きょうじ》が強く、小倉入部以後に取り立てられた家を外様として見下す傾向がありました。

小宮家は信州組でも最も格式の高い家でした。一方、島村家は浦上氏、宇喜多氏、黒田氏と主君を替えた後、小倉で召し抱えられていました。

譜代の自負を持つ小宮四郎左衛門にとって、格下で、しかも自分より十歳も若い島村志津摩に先を越されたことが蟠《わだかま》りとしてあったとしても不思議ではありません。

いずれにしても、幕末動乱の幕開けの時期に、二人の宿命のライバルが相次いで家老になったのでした。

嘉永六年（一八五三）六月、アメリカ東インド艦隊司令長官のペリーが四隻の「黒船」を率いて浦賀沖に現れました。ペリーはフィルモア大統領の開国を要求する親書を携えていました。

幕府は、砲艦を背景にしたペリーの強硬な外交姿勢を前にして抗《あらが》えず、親書を受け取ってしまいました。ペリーは回答を聞くために来春再訪すると告げて、去っていきました。

嘉永七年（一八五四）一月十三日、参勤で江戸にいた小笠原忠徴は随行していた島村志津摩を勝手方引受家老に任命しました。勝手方引受家老とは、「財務および行政関係の事務を管掌する家老」（『小倉藩家老島村志津摩』）であり、家老の中でもトップに位置する役職でした。志津摩に期待されたのは藩の莫大な債務の整理でした。

しかし、その三日後、ペリーが予想を上回る早さで、江戸湾に姿を見せたのでした。今度は七隻の艦隊です。

小倉藩は幕府から浦賀警備を命じられました。藩は「浦賀御警備御用掛」という部隊を編成し、勝手方引受家老になったばかりの島村志津摩を総大将に命じました。島村隊は二月六日に江戸屋敷を出発し、任務地の武蔵国太田村（横浜市）に出向き、そこを拠点に浦賀の警備に当たりました。

幕府は二月十日からペリーとの交渉を開始し、三月三日に、下田・箱館の開港を認める日米和親条約に調印しました。条約締結に満足したペリーは三月十二日、碇を上げて去りました。

三日後の三月十五日、島村志津摩は江戸を発って大坂に向かいました。志津摩は江戸に到着した小宮四郎左衛門に後事を託して、勝手方引受家老としての仕事を始めたのです。四郎左衛門にしてみれば、家老就任に続き、島村志津摩の後塵《こうじん》を拝したことになります。

島村志津摩の大坂での任務は、藩に金を貸している商人と「小倉藩に対する貸金の返済を最も有利な方法で解決すること」(『小倉藩余滴』)でした。島村は粘り強い交渉で、借金を二百五十年賦の返済方法に切り替えることに成功しました。事実上の踏み倒しです。

国に戻った島村志津摩は、財政再建のための様々な改革に着手しました。改革のパートナーは四月に郡代に就任した河野四郎でした。

郡代とは、藩内六郡を統括する農村支配の責任者のことです。郡代の下には、各郡に郡を統括する筋奉行、年貢徴収に当たる代官、山林を管理する山奉行を置いていました。以上は武士が務めていました。

各郡には十数か村ごとに手永《てなが》という行政単位を設定し、手永には大庄屋、その下に子供役を置きました。いずれも農民ですが、大庄屋、子供役には苗字帯刀が許され、在任中は手永名を苗字として使うのが一般的でした。

京都郡には新津《あらつ》・延永《のぶなが》・黒田・久保の四手永がありました。苅田地域の大半は新津手永に属し、鋤崎・黒添・法正寺《ほうしょうじ》・谷・山口の各村のみが延永手永に属していました。

各村には庄屋・方頭《ほうがしら》・組頭の村方三役が置かれていました。方頭は各村に数人おり、組頭は五人組の代表です。

大庄屋以下の役職は、必ずしも世襲ではありませんでした。出身地にかかわらず任命され、転勤もよくありました。つまり、村の長《おさ》というよりも、「官僚」に近い存在だったのです。


島村志津摩は藩内の大庄屋・庄屋に命じ、「御米取立勘定諸帳面」などの帳面を提出させ、検査を行いました。今で言う会計検査でしょうか。検査の中心となったのが、調査役兼六郡吟味役となった中村平左衛門（企救郡津田手永大庄屋）でした。平左衛門は一大庄屋にすぎませんが、島村志津摩の信頼が厚く、調査役に抜擢されたのでした。なお、彼は長年にわたって丁寧に日記（『中村平左衛門日記』）をつけており、この時代の農村の状況を知る貴重な手がかりとなっています。

京都郡の吟味役には末松七右衛門（黒田手永子供役）、定野清右衛門が指名されました。

調査は嘉永七年七月二十四日から約一か月かけて行われましたが、「京都郡去丑秋御免拝借八百石下方へ不貸付、其儘郡辻へ預り置候」（『中村平左衛門日記』）などの不正が見つかりました。つまり、「救済のために下付すべき藩からの拝借米や予備の米を、窮民に配布せずに、そのまま村役人の手元に据え置きにしていた」（『行橋市史』）というのです。

当初、私曲《しきょく》があっても咎《とが》めないという約束で帳面を提出させていましたが、結局、約束は無視され、京都郡の大庄屋四人全員が罷免されました。筋奉行も責任を取らされて解職されています。

翌安政二年（一八五五）一月、中村平左衛門は新津手永、延永手永の大庄屋へ転勤となりました。大庄屋が郡を越えて異動するのは異例でした。しかも、平左衛門は六十三歳の老齢です。帳面検査の結果、不正の多かった両手永の立て直しの役割を与えられての赴任だったと思われます。また、吟味役であった末松七右衛門が黒田・久保両手永の大庄屋に昇格しました。

『中村平左衛門日記』の二月一日の項に、両手永の庄屋名簿が記されていますので、紹介しましょう。

新津手永
雨窪村・苅田村　林田六郎左衛門
下片島村　山本弥平次
提村　間馬利平次

与原村　神清右衛門
上片島村　挟間与一郎
稲光村　（抹消）飯塚為左衛門　二月より武七
尾倉村　岡崎伝左衛門
馬場村　甫一郎
浜町村　鉄太郎
新津村　（抹消）久留喜右衛門　二月より飯塚為左衛門
集村　中原伴七
葛川村　（抹消）丈右衛門　二月より久留喜右衛門
松山分　新八
光国村　文五郎
岡崎村　（抹消）四郎右衛門　二月より源之助
二崎分　雄三郎
延永手永
山口村　延永健右衛門兼帯
下津熊村　宮崎忠左衛門

長木村・上津熊村　吉武喜平次
長音寺村　糒吉郎右衛門
二塚村　宮崎桓左衛門
草野村　（抹消）高瀬伝平　二月より平蔵
黒添村　高瀬理左衛門
法正寺村　祐蔵
谷村　（抹消）堤半六　二月より高瀬伝平
鋤崎村　高瀬喜左衛門
吉国村・延永村　前田元平
行事村　米谷仁兵衛
中津熊村　健蔵
下崎村　宮崎良平
長尾村　郷平

この名簿で「抹消」とあるのは、二月一日をもって解任され、下に書かれた者に替わったことを示していると思われます。草野村庄屋が谷村へ、新津村庄屋が葛川村へ、稲光村庄屋が新津村へなどの人事異動が行われています。この異動が帳面検査の結果によるかどうかは定かではありませんが、着任早々、人事異動を断行しているのは興味深いところです。

松山と二崎が村になっておらず、「分」となっていることも分かります。松山は苅田村の枝村、二崎は新津村の枝村で、ともに村になったのは明治になってからです。

ちなみに、『日記』によると、中村平左衛門は二月十三日に松山番所の吉田平助という侍に「肴代壱匁《もんめ》」を持参して挨拶に行っています。就任の挨拶でしょうが、松山番所の重要性が認識されていた証左かもしれません。

支出抑制策の一方で、島村志津摩は殖産興業による増収を図りました。蠟《ろう》や櫨《はぜ》などの国産品を奨励するとともに、領内全域で諸産物の流通統制を行いました。石炭の増産や金山・銅山の開発、薬の製造なども試みました。また、武士の袴地《はかまじ》として好まれた「小倉織」の増産と技術向上に取り組みました。

『中村平左衛門日記』によると、安政三年(一八五六)に、新津村出身の「たね」という娘が、「糸引稽古」のため出雲国に派遣され、帰国後、織方に任命されて、行事村で小倉織の製作に取り組むとともに、手永内の各村へ出かけて、「糸引き」の手ほどきをして回ったことが頻繁に記されています。「たね」は特別優秀だったようで、家老の島村志津摩に招かれています。また、小宮四郎左衛門などの幹部級家臣の婦女子にも「糸引き」を教授しています。

しかしながら、これらの政策も大きな成果は上げられず、一方で軍備強化のための支出が増大したため、藩は相変わらず、農民や商人からの強制的寄付（献金）に頼らざるを得ませんでした。献金に対する見返りとして名誉格式の付与条件が緩和され、「裃《かみしも》着用」や「一代大庄屋格」まで金で売るようになり、封建秩序を自ら破壊していきました。


改革が頓挫した背景には藩内の派閥争いがありました。「信州組」と「小倉組」の争いは過去にもお家騒動をもたらしていましたが、このときも、「小倉組」の島村志津摩に対する、「信州組」を中心とした保守派が抵抗勢力となって立ちはだかりました。

しかも、島村志津摩の改革は「潔癖な性格とあわせて早急かつ厳正なものであった」（『小倉藩家老島村志津摩』）ため、他の家老との感情のもつれも激しかったようです。

さらに、島村志津摩には保守派との軋轢を生む別の背景もありました。

一つには志津摩は藩内の兵法指南役・青木政美《まさよし》の弟子であったことです。政美は山鹿流の兵学師範でしたが、尊王思想が強く、当時の攘夷論にも理解を示していました。当然、志津摩も幕府に抵抗する攘夷派に与《くみ》していると見られていたと思われます。

もう一つは志津摩の母・クニ子の存在です。彼女は長州藩の支藩である長府藩の家老・迫田伊勢之助の六女でした。長州藩との確執が深まるほど、藩内で志津摩に対する視線は厳しくなっていきました。

こうしたことが複雑に絡み合って、島村志津摩と小宮四郎左衛門は政敵として亀裂を深くしていったのです。確執の末、安政五年（一八五八）に小宮四郎左衛門が、翌年には島村志津摩が相次いで家老の座を退きました。

二　長州藩との確執

安政五年六月、大老の井伊直弼は勅許のないまま日米修好通商条約に調印しました。さらに将軍継嗣問題にも絡み、反対派の大名や藩士を処罰しました。世にいう安政の大獄です。長州藩でも吉田松陰が処刑されています。

万延元年（一八六〇）三月、井伊直弼は水戸浪士らによって江戸城桜田門外で暗殺されました。以後、国内には尊王攘夷の嵐が吹き荒れていきます。

同じ年、小笠原忠幹《ただよし》が九代目藩主に就きました。七代目藩主の忠徴が安政三年に死去した後、八代目の忠嘉《ただひろ》が継いでいましたが、わずか四年、二十二歳にして鬼籍に入りました。忠嘉には嗣子がいなかったため、忠幹が分家の播州安志《あんじ》藩（一万石）から養子に迎えられました。

小笠原忠幹が小倉に入った頃、英国人が企救郡楠原村（門司区）に上陸して、村は大騒動となっていました。さらに、翌年には英国軍艦が門司沖に碇泊して関門海峡の測量をするなど、緊迫した状況が続きました。

こうした不穏な空気が漂う中、三十代前半の小笠原忠幹は藩政改革への意欲を示しました。翌文久元年（一八六一）十一月、島村志津摩を江戸から呼び寄せ、勝手方引受家老に復帰させました。

しかし一方で、弟の小笠原敬次郎を安志から呼び寄せ、政事世話方に就任させました。敬次郎は攘夷思想家・大橋訥庵《とつあん》の門人であり、急進的な尊攘派でした。

小笠原忠幹が敬次郎を起用した意図はよく分かりませんが、藩内から歓迎されなかったことは容易に想像できます。島村志津摩自身は尊攘思想に多少の理解があったとしても、幕府の命に従うことが第一との原理を崩すことはあり得ませんでした。そのため、両者の確執は高まり、敬次郎の意向で志津摩はすぐに罷免され、品川台場の警備に追いやられました。

文久二年（一八六二）一月には、和宮降嫁《こうか》など公武合体を進めていた老中・安藤信正が江戸城坂下門外で襲われて負傷しました。同年七月、長州藩が公武合体から尊王攘夷へと方針を転換すると、尊攘派志士は勢いづき、三条実美《さねとみ》ら尊攘派公家と結びついて朝廷を動かすようになり、幕府に圧力をかけていきました。窮した将軍・家茂《いえもち》は文久三年（一八六三）三月に上洛し、四月二十日には「五月十日を期して攘夷を実行すること」を朝廷に約束せざるを得ませんでした。

小倉藩では、島村に代わって小宮四郎左衛門が勝手方引受家老に復職しました。四郎左衛門は早速、領内海岸を巡視し、文久三年一月から必要な場所に砲台の建設を始めました。また、大砲弾丸御用掛を設け、砲弾の増産と大砲の鋳造を進めました。鋳造に必要な銅が不足したため、三月には大砲地銅買上げ掛を任命して、領内から銅の買上げを行いました。

紫川河口の東西の台場に大砲が据え付けられ、四月七日に、高島流洋式砲術を学んで帰国した藩士・門田栄によって試射が行われました。

また、三月、小宮四郎左衛門は、「海岸警備」を名目に農民から農兵を徴募《ちょうぼ》する触を出しました。農兵は庄屋格以上の富農で、苗字帯刀が許されましたが、無給で武器も自弁でした。しかし、「武士身分と同じになるということは、身分制の社会においては大変な魅力」（「幕末・維新期における小倉藩」〔『九州の明治維新』〕）であり、応募者は多く、約一五〇〇人の農兵隊が組織されました。

しかし、農兵隊は、あくまで旧態依然とした武士による軍隊の補完であり、武士との格差や差別は厳然としてある一方で、与えられる仕事は徐々に増えていき、農兵の不満はくすぶっていきました。

また、大砲の鋳造用の銅が底をつき、五月二十一日には寺社院の梵鐘の徴発に踏み切りました。

軍事的整備は一応進みましたが、政治的には小倉藩は厳しい状況に置かれていました。交通の要衝である関門海峡を挟んで攘夷の中心勢力である長州藩があり、譜代大名として対応に苦しみました。


小倉藩が攘夷の方法について幕府に問い合わせているうちに、攘夷決行の日である文久三年五月十日を迎えました。長州藩は同日、田野浦沖に停泊していたアメリカ蒸気船ペンブローグ号を台場や軍艦から砲撃しました。ペンブローグ号は被弾することなく、苅田沖に避難しました。二十三日にはフランス蒸気船キャンシャン号、二十六日にはオランダ軍艦メデュサ号を砲撃しました。

これに対し、早くも六月一日にはアメリカ軍艦ワイオミング号が報復のために来襲、長州藩の軍艦壬戌《じんじゅつ》丸、庚申《こうしん》丸を攻撃して沈没させました。五日にはフランス軍艦セミラミス号とタンクレード号が報復攻撃を行い、前田村に上陸し、砲台を破壊、大砲を奪い去りました。

長州藩の「戦国時代さながらの甲冑に身を固めた武士たちは逃げ惑」(『松蔭と晋作の志』)う

状態で、完膚なきまでに叩きのめされたのでした。

再起を託されたのが、高杉晋作でした。彼は六月六日、下関で奇兵隊を結成します。隊員は武士が五割、農民が四割、その他が一割でしたが、小倉藩の農兵制度とは違い、入隊基準を「志」に求め、身分の垣根をなくした画期的な軍隊でした。

一方、小倉藩は外国船が襲来した場合のみ攻撃するという幕府の意向に従い、通過するだけの外国船を砲撃する意志はなく、長州藩の「攘夷」を静観していました。

長州藩は、攻撃に加わらず傍観を続ける小倉藩に詰問する使者を送り続け、六月二十日には、長州藩兵約三百人が田野浦に上陸、砲台を占拠しました。藩兵の中心は結成されたばかりの奇兵隊で、傍若無人の振舞いが目立ちました。『中村平左衛門日記』によると、八月二十七日、四人の奇兵隊士が行事村まで押しかけ、飴屋玉江家から百両の金を強奪するといった事件が起こっています。これに対し、農兵に「打払」の命令が出されました。一人は行事村の「おはせ」（小波瀬?）で打ち取られ、他の一人は蓑島で切り殺されています。残りの二人は生け捕りにされ、小倉に送られたとあります。

米津三郎氏は、「幕末・維新期における小倉藩」の中で、小倉藩と長州藩の関係を次のように分析しています。

変革期において時代を推進する側には、ある程度既成観念が無視され、目的のためには手段を選ばない行動が横行する。しかもその指導者の理念の中には、新しいものを生みだそうとするエネルギーが横溢し、反対に旧秩序の世界のものは因循の中に眉をひそめ、狼狽し、ついには逃避してしまう。小倉藩と長州藩との関係は、まさにこのようなものであった。

長州藩の攻勢に追い詰められた小倉藩は、幕府と協議するために郡代の河野四郎と物頭《ものがしら》の大八木三郎左衛門を幕府に派遣しました。河野らは江戸で老中の水野忠精《ただきよ》に会い、長州藩のこれまでの横暴を幕府に訴え、特使を派遣して長州を詰問するように願い出ました。これを受けて幕府は、使番を派遣することを決め、河野・大八木とともに、牧野左近ら三人の幕吏が軍艦朝陽丸に乗って下関に向かいました。

朝陽丸は七月二十三日、関門海峡に到達しました。小倉藩は斥候《せっこう》船を出し、河野らとの接触を図りましたが、長州藩の妨害で叶いませんでした。

朝陽丸は赤間関に停泊、幕吏一行は上陸することとなりました。長州兵が船に乗り込み、河野四郎の身柄引き渡しを迫ったため、後難を恐れた河野四郎は大八木三郎左衛門とともに、船内で切腹して果てました。島村志津摩とともに改革を進めた能吏の無念の最期でした。

詰問書を携えて山口に向かった幕吏一行は、小郡付近で消息を絶ちました。

絶体絶命の窮地に陥っていた小倉藩でしたが、「八月十八日の政変」により、長州藩の難癖から解放されました。公武合体派の薩摩藩・会津藩が朝廷内の尊攘派公卿を追放した宮中クーデターであり、三条実美以下七人の公卿は長州に亡命しました。

早速、九月四日には、長州藩兵が田野浦を引き揚げました。

十四日には藩内の攘夷急進派である小笠原敬次郎が小倉を離れて江戸に赴く直前、急死しました。弓の稽古中の事故という発表でしたが、暗殺の噂が絶えませんでした。

十一月になると、長州攘夷派と気脈を通じていたとされる英彦山を小倉藩が捜索、座主《ざす》を始め「勤皇僧」を捕えました。

こうして、小宮四郎左衛門は藩内の尊王攘夷派を一掃して権力を磐石にしていきました。忠幹の信頼も厚く、元治元年（一八六四）六月に、「民部」の名を賜りました。

政変以後の長州藩は災難続きでした。元治元年六月五日、池田屋の変で吉田稔麿《としまろ》以下、多数の尊攘派志士を失いました。さらに、七月十九日の禁門（蛤御門）の変に敗れ、久坂玄瑞《げんずい》らが命を絶ちました。

八月五日にはアメリカ・イギリス・フランス・オランダの四か国艦隊十七隻の報復攻撃を

受け、砲台を破壊され、惨敗を喫しました。攘夷の不可能を身をもって知らされたのでした。

朝廷は禁門の変を起こした長州藩に対し、追討の勅令を出しました。翌日、幕府は中国・四国・九州の三十四藩に出兵の命令を出し、長州征伐へと発展しました。総督は尾張藩前藩主の徳川慶勝《よしかつ》で、広島城下の国泰寺に本営が置かれました。

長州藩攻撃の西側前線となる小倉には、八月上旬から福岡藩、熊本藩をはじめ九州各藩が次々と集結し、小倉城下とその周辺に布陣しました。その数、約五万人に達したといわれています。十月には副総督松平茂昭《もちあき》が幕府軍を率い宇島港に上陸、中津街道を通って小倉に入りました。

小倉藩も長州藩との戦いのための備《そなえ》を編制しました。六備に分かれ、各備の士大将は次のとおりです。

一番備＝島村志津摩
二番備＝渋田見《しぶたみ》舎人《とねり》
三番備＝渋田見　新《あらた》
四番備＝中野一学
五番備＝小笠原織衛《おりえ》

六番備＝二木求馬

その多くは中老です。参考までに、「慶応二丙寅歳知行帳」（『福岡県史資料』）より当時の家老と中老を確認しておきましょう。

家老

小宮民部　千二百七十石
小笠原内匠　千五百石
原　主殿　千三百石
小笠原甲斐　千六百石
小笠原出雲　千八百石

中老

小笠原織衛　千五百石
島村志津摩　千二百石
渋田見舎人　千七百石
中野一学　千石

鹿島刑部　千石
大羽内蔵助　二千石
福原多門　千五十石
宮本岩之助　二千百石
二木求馬　八百石

また、農兵や郷筒《ごうづつ》も召集され、各番所に配置されました。郷筒とは田畑を害する鳥獣を駆除する猟師のことで、銃の扱いに慣れているため、軍に組み込まれたのでした。

しかし、農兵の士気は高くなかったようです。

『国作手永大庄屋御用日記』によると、十一月十二日付で、仲津郡筋奉行の和田藤左衛門が郡内の大庄屋に次のような通達を出しています。

長州行き農兵の内虚病相構え、代人に兼々勝負事取り扱い風儀宜しからざるもの、又は幼少の者をも差し出す輩これ有る哉に相聞こえ相済まざる事に候、風儀宜しからざるものは、途中にて逃げ去りても恥と思わず、幼少に候へば大切の御用先御差し支えに相成り、以ての外の事に候、これに依り、庄屋元にて厳重吟味に及び、右様心得違いのも

のこれ無き様申し達せらるべく候　（『行橋市史』より読み下し文を引用）

つまり、「従軍する農兵の中に、仮病を使って素行の悪い博徒や幼少の者を代理に立てる者がいる。博徒は途中で逃げてもそれを恥を思わず、幼い者では役に立たない。このようなことがないよう、庄屋が厳重に気を付けよ」（『行橋市史』）という意味です。

農兵の役割は海岸警備のはずでしたが、なしくずしに戦闘体制に組み込まれていく状況にあり、農兵は怖《お》じ気《け》づいていたようです。

こうした戦争準備の最中の九月六日、藩主忠幹が病気で死去しました。嗣子豊千代丸はわずか四歳であり、状況が状況だけに藩は喪を秘し、支藩である新田藩《しんでん》（一万石）の小笠原貞正が藩政を預かりました。

一方、長州藩では保守派が台頭、禁門の変を起こした三人の家老（福原越後、益田右衛門介、国司《くにし》信濃）を自刃させ、幕府へ恭順の意を表しました。

このため、征討軍は戦うことなく、十二月二十七日、撤兵令が発せられ、翌年一月三日、陣払いの触が出て、各藩は撤兵しました。

小倉藩領が戦場となることは免れましたが、五万の兵力が滞陣したため、農民にとっては大きな負担となりました。草鞋、干し草などの軍用物資の供出が各郡に割り当てられました。農村では農兵や人夫が駆り出されて人手不足のうえに、草鞋《わらじ》や縄、蓆《むしろ》などを作らねばならず、また干し草や薪の採集という余分な仕事が重くのしかかりました。さらに、生活物資の不足により、物価が急上昇し、領民の生活は困難を極めました。

各藩が兵を引いた後も、小倉藩は、長州藩対策のため軍備拡充を図らなければなりませんでした。元治二年（一八六五）一月、知行取りの武士は家来を規定（百石で三人）どおり召し抱えるよう達しが出ました。しかし、当時の武士は知行の一割程度しか支給されていないのが現状であり、家来を持つ余裕はありませんでした。そこで、武士は農民を臨時に家来としました。このため、農村は諸物資の納入や夫役などの負担増大と人手不足が重なり、疲弊、混乱していきました。「封建体制は自らの体制を守るために、封建制度の根幹ともいうべき身分制度を、自らの手で破壊していく大きな矛盾」（『北九州市史』）をはらむことになっていったのです。

また、軍事費調達のため、藩は富農層に十五両で苗字を売り、二十五両で苗字帯刀を認める子供役格を付与するなど格式を安売りする始末でした。

三　小倉戦争勃発

元治元年十一月十五日未明、長州藩の高杉晋作が功山寺（下関市）で挙兵、下関新地の藩会所を襲いました。さらに、三田尻（防府市）の海軍局を急襲し、軍艦を手に入れました。征討軍の撤兵令が発せられる十一日前のことです。晋作らは翌年一月に藩正規軍を大田・絵堂（美祢市）で破り、藩の権力を奪取しました。藩論は「武備恭順」から「倒幕」へと変わっていきました。

この動きを知った幕府は元治二年九月二十一日、長州再征の勅許を得て、大島口、石州口、芸州口、小倉口、萩口の五か所から攻撃する計画を立て、各藩に出兵を求めました。小倉口には、小倉藩、安志藩のほか、熊本藩（細川氏）、柳川藩（立花氏）、福岡藩（黒田氏）、佐賀藩（鍋島氏）などが充てられました。

翌慶応二年（一八六六）一月、薩摩藩は坂本龍馬、中岡慎太郎の斡旋で長州藩と秘密裏に薩長同盟を結びました。このため、萩口の担当を求められた薩摩藩は公然と出兵を拒否し、萩口は事実上攻撃が不可能となりました。

二月に軍目付が小倉に入り、六月に小倉方面の総督として、老中・小笠原長行《ながみち》が到着しました。長行は唐津藩の世子で、藩主でないにもかかわらず老中に異例の抜擢をされていました。唐津藩は小倉藩主忠真の弟・忠知を祖とする杵築藩の流れで、三河吉田、岩槻、掛川、棚倉を経て、唐津に移った藩です。長行は幼少より明敏であったといわれ、奏者番から若年寄、老中と出世を遂げた人物です。文久三年五月には独断で大兵を率いて入京しようとして老中を罷免されていましたが、慶応元年十月、老中に復帰していました。この年、四十四歳です。

新津手永 集《あつまり》 村の庄屋である岡崎伝左衛門が書いた御用日記（以下『岡崎伝左衛門御用日記』）慶応二年六月二日の項に、「小笠原壱岐守様、沓尾御上り行事飴屋御昼休、苅田御小休ニ付罷出、御用聞相勤申候」とあり、苅田宿での休憩の世話をするため、近隣の庄屋が呼び出されていたことが分かります。

小笠原長行は小倉に入り、開善寺を本陣としました。しかし、出兵の指示を受けていた九州各藩の動きは鈍く、このとき出陣していたのは、小笠原一門の安志藩だけでした。

小倉藩は六備の編制を一部改め、五番備に鹿島刑部《ぎょうぶ》（のち、小笠原鬼角）を入れ、小笠原織衛は六番備となりました。

五月二十九日、小倉藩は城中大広間で軍議を行いました。九州諸藩が出そろわなくても出陣し、譜代として他藩に範を示すこと、諸藩が出そろった段階で敵地を攻めることを決定しました。

諸藩の動きが鈍いことを察知した島村志津摩は、諸藩の着陣を待たずに即日海を渡り、奇襲をかける以外に勝利の芽はないと感じ、軍議で提案しましたが、小笠原貞正以下、藩幹部の理解を得られませんでした。

六月四日、島村志津摩は先鋒として出陣しました。そのときの小倉軍の様子を「小倉戦史」(『豊前叢書』)は次のように描写しています。


山鹿派の陣立、威風凜然として、小倉城大手門より正々堂々、一鼓六足、隊伍乱れず繰り出す。(中略)馬廻り以上卒士の出立は鎧、兜に陣羽織を着し、家々の物印金の幣或は小旗に定紋附、其他思々の指物を押立て勇然として押し行く姿は、生きたる兜人形の如し。


まさに、戦国時代を想起させるような時代がかった描写ですね。

島村志津摩隊と小笠原織衛隊は田野浦方面に出陣しました。海峡を渡って下関を攻めることを想定した布陣です。渋田見新隊は門司に陣を構えました。また、農兵や人夫にも召集がかかりました。農兵は本来の役割である警備だけでなく、戦闘要員として第一線部隊にも配属されました。人夫は物資の集積や運搬などに従事しました。

幕府が突き付けた十万石の削除と藩主親子の蟄居《ちっきょ》の条件を、長州藩は五月二十九日に正式に拒否し、開戦へと突き進みました。

六月七日、幕府軍艦が周防大島を砲撃したことで幕府と長州の戦いが始まりました。十四日に芸州口、十六日に石州口で火蓋が切られました。

この第二次長州征伐は一般的に幕長戦争、長州戦争と呼ばれていますが、長州側では「四境戦争」と呼んでいます。長州藩は兵力を四か所に分散しなければならない苦境にありました。小倉口に割く兵力は一千人程度しかありません。

小倉口の戦いは六月十七日、長州兵の田野浦奇襲により始まりました。ここからの戦いを小倉藩では「小倉戦争」や「丙寅《へいいん》の役」と呼んでいます。

長州軍は奇兵隊が主力で、長府藩の報国隊が加わっています。指揮を取るのは海軍総督に任命された高杉晋作です。

長州軍の持つ蒸気船は丙寅丸と乙丑《いっちゅう》丸の二隻のみでした。丙寅丸は高杉晋作が長崎で独断で購入した船です。乙丑丸は薩摩藩名義で購入し、坂本龍馬が届けにきたばかりでした。龍馬は高杉晋作に誘われて自ら参戦することになりました。

高杉晋作が乗り込んだ丙寅丸は、帆船二隻を曳航《えいこう》して田野浦に向かいました。一方、坂本龍馬が乗った乙丑丸は門司へ回り込みました。

丙寅丸などは田野浦の小倉藩の陣地に弾丸を撃ち込み、砲煙が視界を覆う中、長州兵が上陸しました。

長州兵の装備は「洋式元込め銃で服装は活動力のあるズボンかパッチをはいており、散開戦術を取る洋式訓練を経た部隊」（『北九州市史』）であり、一方の小倉藩は、戦国時代と大差のない火縄銃主体で、甲冑に身を固めての出陣でした。縦横無尽に動き回る長州軍の前に小倉軍は混乱し、大里《だいり》へ退却するよりありませんでした。田野浦の前線基地を破壊した長州軍はその日のうちに引き揚げました。

『国作手永大庄屋御用日記』の慶応二年六月十七日の項には、「今暁七ッ時分田野浦御宿陣所へ長州兵船より不意に大砲打掛、御出張之御先陣嶋村様始、原様、織衛様長兵と暫く合戦有之よし」とあります。

また、同日の『岡崎伝左衛門御用日記』には「今朝長州勢、田の浦へ上り、殊之外騒動致し」とあります。大庄屋、庄屋がリアルタイムで情報を得ていることが分かりますが、その理由は日記の続きの部分に書かれています。

『国作手永大庄屋御用日記』には、「人足之分ハ不残遁去候、帰り候ものハ途中より止戻候、

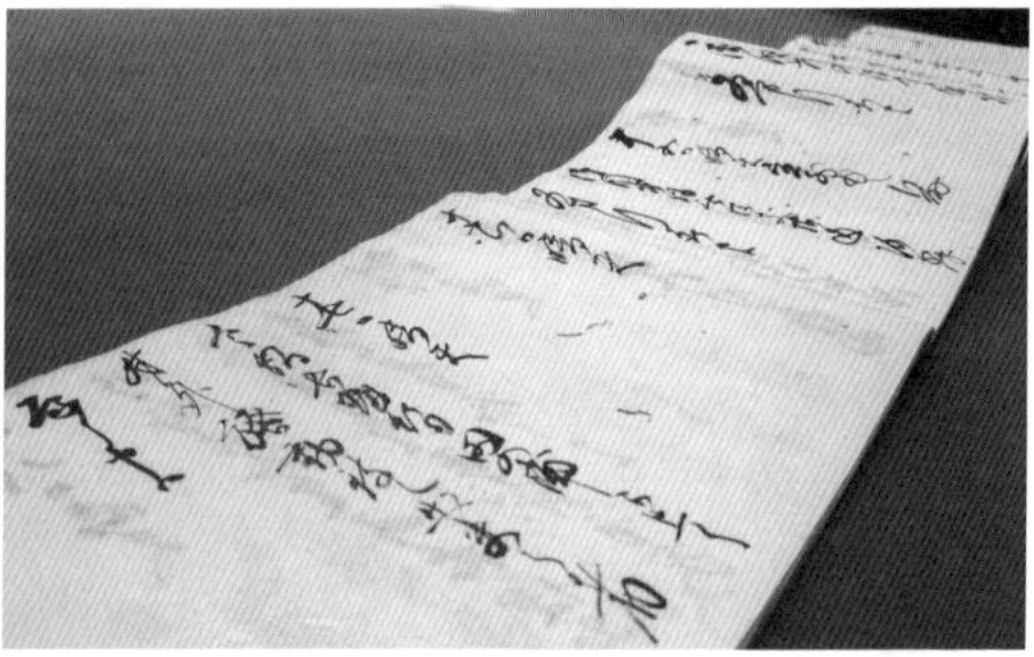

岡崎伝左衛門御用日記

帰り付候ものハ直様翌日又々操出候」とあります。つまり、手永から派遣していた人足が全員、戦闘に驚いて逃げ帰ってきたのです。そして翌日、説得して再び送り出そうというのです。

翌日の同日記には、仲津郡筋奉行・和田藤左衛門の通達文書が写されていますが、「郡夫交代之儀、毎度決て不相成段申遣候処、矢張交代いたし候を承込苦々敷次第に候」とあります。逃げ帰った人足に交代を出すのは禁止されているにもかかわらず、交代を出しているのを苦々しく思っているというのです。

一方、『岡崎伝左衛門御用日記』では、「出夫之者帰り申候」と簡単に書いていますが、翌日の日記には「昨日帰り候人足又々御操出に相成候に付、集へ罷出村方寄合致し夕方帰り候」とあります。恐怖から戦場を逃げてきた農民を説得して、再び戦場に送り出さざるを得ない庄屋の生々しい苦悩が垣間見えます。

また、同日の『中村平左衛門日記』には、出陣させられた農兵の家族の不安を「ざわざわと相騒ぎ、仕事等するもの一人も無」と描いています。

このころになって、ようやく九州各藩が出陣してきました。熊本藩は家老長岡監物に率いられて、六月十八日、足立山麓の福聚寺《ふくじゅじ》に宿陣しました。柳川藩、久留米藩、唐津藩、さらに幕府の八王子千人隊（実際には三百人程度でした）と続きました。その数、二万といわれています。しかし、佐賀藩は口実をつけて参戦せず、福岡藩も兵を領内に留めたまま、様子見に終始しました。

六月二十八日になって、幕府の軍艦富士山丸、順動丸、翔鶴丸が小倉に入り、繋船しました。特に富士山丸は一〇〇〇トンの大船で、一〇〇トン程度の軍艦しか持たない長州藩にとっては脅威の存在でした。

田野浦合戦の後は膠着《こうちゃく》状態となったため、小倉藩は七月に入ると、農兵や人夫を休養のため帰村させました。

それを見計らったかのように、七月三日、長州軍は再び奇襲をかけてきました。密かに大里に上陸した奇兵隊、報国隊などは海岸と山麓の二手に分かれて進撃しました。海からも丙寅丸などが大里の陣地に砲撃を加え、幕府側の富士山丸などと海戦を展開しました。

小倉軍はこの日、甲冑を脱いで軽装で戦いました。銃弾の飛び交う戦場では素早く動ける服装が何よりも大事だと、経験から学んだのでした。

しかし、小倉藩の背後に控えていた熊本藩、久留米藩や幕府の兵は全く動こうとしませんでした。小倉兵は孤軍奮闘しましたが支えきれず、赤坂（小倉北区）まで退去しました。長州軍も富士山丸の砲撃によって退路を絶たれることを恐れて、それ以上の追撃はせず、夕方、海峡を渡って引き揚げていきました。

二度の戦いに敗れた小倉藩は、もはやなりふりにかまっていられませんでした。七月五日の『国作手永大庄屋御用日記』には「当形勢誠ニ切迫ニ付思召有之、手永村々兼て勇気喧嘩等相好一命をも不顧位之者」がいれば申し出るように、との筋奉行の書状を写しています。農兵や人夫が逃げ帰る中、戦線は喧嘩好きで命知らずの乱暴者を必要としていたのです。

さらに、七月十日に日記には「沓尾村の平次郎此度出牢被仰付、御郡代様御召抱ニ相成申候」とあります。ついに、罪を犯して服役中の者を牢から出して郡代が召し抱えるということになったのです。

七月二十七日、長州軍は白木崎《しらきざき》（門司区）に上陸。小倉城攻略を目指して赤坂山を越えようとしましたが、このときは熊本藩が動き、丘陵から銃弾を浴びせ、長州軍は初めて大きな犠牲を出して退却しました。

この赤坂の戦いは幕府側にとって初勝利であり、小倉藩としては反転攻勢への足掛かりとなるものと意気が上がるはずでしたが、事態は予想だにしない方向へ進んでいきました。

翌二十八日、勝利の立役者であったはずの熊本藩が無断で赤坂の陣から兵を引きました。赤坂の戦いで熊本藩が奮戦するも、幕府軍や他藩は動かず、戦列に加わることはありませんでした。長岡監物は小笠原長行の指導力のなさに愛想をつかし、戦線の離脱を決断したのでした。

ところが、翌日、その長行が「敵前逃亡」してしまったのです。実は七月八日に将軍家茂が逝去しており、その報せが長行のもとに届いたのでした。小笠原長行は翌三十日の夜陰に紛れ開善寺を脱け出し、富士山丸に乗り込んでしまいました。

これを察知した小倉藩は事情を聴くため、郡代の杉生《すぎお》募と船奉行の岡野六左衛門を富士山丸に派遣しましたが、面談を拒否され、ついには富士山丸の甲板から小銃を浴びせられる始末でした。

小倉口戦線は破綻しました。九州各藩も幕府八王子千人隊も陣を離れ、小倉藩とその一族のみが残されたのでした。

窮地にたった小倉藩は、七月三十日夜、軍議を開きました。席上、和議を求める意見も出ましたが、結論としては藩を上げて防戦し、時機をみて城を捨て、後方陣地に撤退して戦い続ける方針に決しました。

翌八月一日の朝、「防戦並びに引揚げ手配書」を作成し、各備の陣所に早馬で触れさせました。
「手配書」によると、陣地ごとの引き揚げ先を指示しています。このうち、湯川などの陣は「横代、長野より京都郡へ引上げ、狸山の要害にて防戦する事」（「小倉戦史」）となっています。

事態はしかし、手配書のとおりにはいきませんでした。家老・小宮民部の手によって、城が焼かれたのです。民部は、軍議の後、熊本藩士竹崎律次郎から「開城すると収拾がつかなくなる恐れがあるので、長州軍が攻めてくる前に自ら城を焼いて撤退すべきだ」という意見を、小倉藩士の上条八兵衛を介して受けたのでした。

竹崎律次郎は横井小楠の門下生で、熊本実学党の逸材でした。熊本藩軍撤退後も、長岡監物の要請で小倉藩を見守るために残留していました。

小宮民部は迷いました。今しがた、軍議で決定したばかりのことを覆《くつがえ》せというのです。しかし、熊本藩は唯一小倉藩のために戦ってくれた藩であり、また、何よりも、嗣子豊千代丸らを保護してくれる親族なのです。今後の協力を取り付けるためにも竹崎の意見を無視するわけにはいきませんでした。

結局、小宮民部はほぼ独断で、小倉城自焼を決断しました。軍議を開く余裕はなく、諸備に早馬を走らせただけでした。当然、島村志津摩にも相談はしませんでした。

八月一日正午ごろ、小宮民部は自宅に火をかけ、それを合図に城に火が放たれました。何も知らされていない藩士や町人は、燃え上がる炎や立ち込める黒煙を見て、大混乱に陥りました。

ただ、城が燃えるというと、天守閣が炎に包まれる光景を想像すると思いますが、小倉城の天守閣は天保八年（一八三七）の火災で、本丸御殿とともに焼失していました。

城下町の住民も長崎街道、中津街道、香春街道を通り、我先に藩内各地へと逃げ出し、街道は混雑と混乱に見舞われました。

小倉藩の重立った藩士と家族は香春《かわら》街道を落ち、金辺《きべ》峠を越えて、香春に藩庁を置きました。嗣子豊千代丸、忠幹未亡人はじめ家中の者の従者らは戦乱を避けて肥後熊本へ退避、細川家の庇護を受けました。

四　苅田百姓一揆

中津街道もまた城下を脱出する人々で混雑しましたが、苅田地域はそれに輪をかけた大混乱に陥りました。小倉城炎上と同じ日に、苅田村から百姓一揆が起こったのです。一揆勢は新津手永大庄屋である新津治郎右衛門宅に押しかけ、打ち壊し、火を放ちました。さらに、久保手永大庄屋、黒田手永大庄屋を襲いました。

翌二日になると、行事村の正八幡《しょうはちまん》神社に集結し、年貢の基準となる「水帳」を焼き捨てることを目標にすることを決めました。一揆勢には一定の組織化が見られ、延永手永大庄屋を襲った後は二手に分かれ、京都郡全体の庄屋や富裕層に襲いかかりました。

一揆はさらに仲津郡や築城郡にまで広がっていきました。

『福岡県史資料』に釘丸寅吉という男の実見談が載っており、次のような生々しい光景を伝えています。

寅吉は其時少年であったけれど「一軒から一人ずつ行かねば、其家は火を付けて焼くぞ」というので一揆に加わった。丁度此時は各家に松明一本と竹槍一本ずつ用意して長州勢に備えて居たこととて、山の鉦をたたいたら立所に集まる。其の時の持物は松明、竹槍、又は槍刀、手斧、鉈、鎌、山の鉦、太鼓、法螺貝、金盥等であった。庄屋のうちは皆逃げ隠れて仕舞って内には家人一人も居らぬ。酒屋では酒桶の輪を斧で打切りドンドン酒を出す。大庄屋や庄屋の取立帳やら其の他の記録を此騒動に乗じて悪徒共取り出して焼いて仕舞った。

一揆の総数は五千人にも達したともいわれています。この一揆が何故起きたかは不明ですが、第一次長州征伐以来、農村は戦用物資の徴収や労役、農兵などの徴募による人手不足、物価高が重なり、農民の疲弊が極限に達していたことは間違いなく、これに、小倉城炎上という衝撃が加わって暴発したのではないかと考えられます。

釘丸寅吉実見談には「力士の稲荷山甚五郎が一揆の頭取にとられて、行事の飴屋の庭にて斬首台に上った。其の時表（小倉本藩をさす）の御家老（実際には中老）の島村様が助けた」という証言もあります。

広瀬正美知氏の「一揆と稲荷山甚五郎」（『郷土誌かんだ』）には、故老が伝える甚五郎の話を記しています。

彼は享和か文化年間に東の方宇ノ島方面で生まれ、若い頃苅田に来て現在上町の肥田の酒蔵のあるところに住んでいた。職業は桶屋、非常にすぐれた体格の持ち主で、身長は約六尺、体重は三十貫位であった。たいへんな力持だったので、宮相撲では大関で苅田の若者達に相撲を教えていた。

巨漢ゆえに、威勢を誇示するために一揆の先頭に立たされたのかもしれません。

稲荷山甚五郎の墓

稲荷山甚五郎の墓が中津街道沿いの上町区山笠格納庫の裏にひっそりと建っています。甚五郎の死後の明治十一年（一八七八）に、弟子の相撲取りらによって建立されたと伝えられています。

小倉城炎上の翌日、長州兵が小倉城下に進攻、富野村に本営を置きました。兵を率いて城下に入った山県有朋《やまがたありとも》はこの日の状況を「懐旧記事」（『幕末維新史料叢書』）に次のように記しています。

> 城下の景況を見るに、急遽に軍議を決し狼狽して兵を引き揚げたりと見えて、城中の糧米・銀札及び書庫等の如きも皆其儘に放棄して遁去り、藩士の邸宅の如きは尽く家財・器具を残留したり。
> （『小倉藩家老島村志津摩』の読み下し文を引用）

長州軍は八月八日には本営を足立山麓の福聚寺に移し、兵を小倉、黒原、湯川などに配置しました。四境に兵を分散している長州軍に兵の追加はなく、それ以上の侵攻は困難でした。

一方、小倉藩軍は八月三日、逃避先の田川郡香春で軍議を開きました。いったん肥後に退避し、熊本藩の仲介で事後処理をしたいという小宮民部の意見は抑えられ、島村志津摩の主戦論が採用されました。金辺峠（西口）と、中津街道の企救郡と京都郡の境である狸山峠（東口）の二か所の要害に分かれて、長州藩と対決することになりました。

金辺峠は島村志津摩が、狸山峠は小宮民部が指揮することになりました。ここで、小宮民部と島村志津摩の政治的・軍事的位置が逆転したのでした。

小宮民部は香春を追われるように、百姓一揆の混乱が続いている京都郡に向かいました。百姓一揆は郡代の杉生募によって八月五日までに鎮圧され、七日には捕えられた一揆関係者が獄門にかけられました。

その中に、沓尾村の平次郎がいました。七月十日に出牢し、郡代に召し抱えられていた、あの平次郎です。『国作手永大庄屋御用日記』には「沓尾村平次郎首級之義は今井辺へ両三日晒」とあります。処刑され、故郷に近い今井で首を晒《さら》されたのです。平次郎にとっては、これ以上ない波瀾万丈の一か月だったでしょう。

百姓一揆は平定されましたが、被害を受けた大庄屋、庄屋の多くは逃避しており、小宮民部は戦闘態勢づくりに手間取りました。

一方の島村志津摩は早速、行動を開始しました。八月七日には蒲生《がもう》村や北方《きたがた》新町に夜襲をかけ、熊本藩が残していった武器弾薬や糧米を確保しました。九日には、城野《じょうの》新町の長州軍の陣所を襲いました。

長州軍は、「大貫（狸）坂の要害を抜き行事村を衝くの戦略を立て湯川の守備を厳にし尚進んで葛原に兵を出し此地を以て先鋒本営と為し曽根村其他に兵を配布」（「懐旧記事」）しました。

五　狸山峠攻防戦

八月十日、ついに苅田地域が戦場になりました。

この日、長州軍は奇兵隊二箇小隊、報国隊二箇小隊、厚狭《あさ》毛利家強義隊一箇小隊が狸山峠へ向かいました。率いるのは梶山峯三郎、内海熊次郎です。

一方、小倉藩側もようやく迎撃体制が整いつつありました。小宮民部をはじめ、三番備渋田見新、四番備中野一学、六番備小笠原織衛や門田栄隊が郡内に陣を敷きました。

長州軍は一気に狸山を抜こうとしましたが、すでに布陣していた小笠原織衛の兵が左右の山林におり、樹叢《じゅそう》から射撃したため、後退しました。追撃した小倉軍と曽根新田で銃撃戦が展開されました。「彼我の銃声豆を炒る如く、其の弾丸は夕立雨の如く」（「小倉戦史」）激しい戦いでしたが、勝負はつかず、日没とともに双方引き揚げました。

長州軍は夜半に小荷駄《こにだ》隊を下曽根村に移し、明け方、三沢東之助が本隊を率い、山内梅三郎が別働隊を組織して、狸山を目指して進発しました。

一方、小倉軍は小宮民部が朽網《くさみ》村に本陣を据えるとともに、三番備の富永潤之助、友松常助が付近の蛭子《えびす》山に潜伏して敵を待ち構えました。

長州軍本隊は小宮民部の陣に攻めかかりました。激しい銃撃戦が始まりました。これを見た富永・友松の隊は山を下り、長州軍の横合いから銃弾を浴びせました。一進一退が続きましたが、山内梅三郎率いる長州軍別働隊が山手を迂回して富永・友松隊の背後に回り、攻めかかりました。

小倉軍は防戦一方となり、ついに苅田方面に敗走しました。長州軍はそのまま追撃態勢に入りました。小倉軍は南原村から仲津郡の大橋村にまで退却、その隙に長州軍は苅田村、浜町村の民家に放火しました。

長州軍は当初の計画である行事村まで侵攻するため、さらに追撃をしようとしていた矢先、背後から砲声が響き、下曽根村方面から黒煙が上がったのでした。

この日、金辺峠に陣を張っていた島村志津摩は峠を下り、高津尾まで本隊を前進させていました。五番備の鈴木七郎左衛門・馬場半兵衛、郷筒頭の葉山平左衛門らの部隊が空になっていた下曽根村の陣地を襲い、輜重《しちょう》隊を全滅させて食糧と野砲二門を奪ったのでした。この

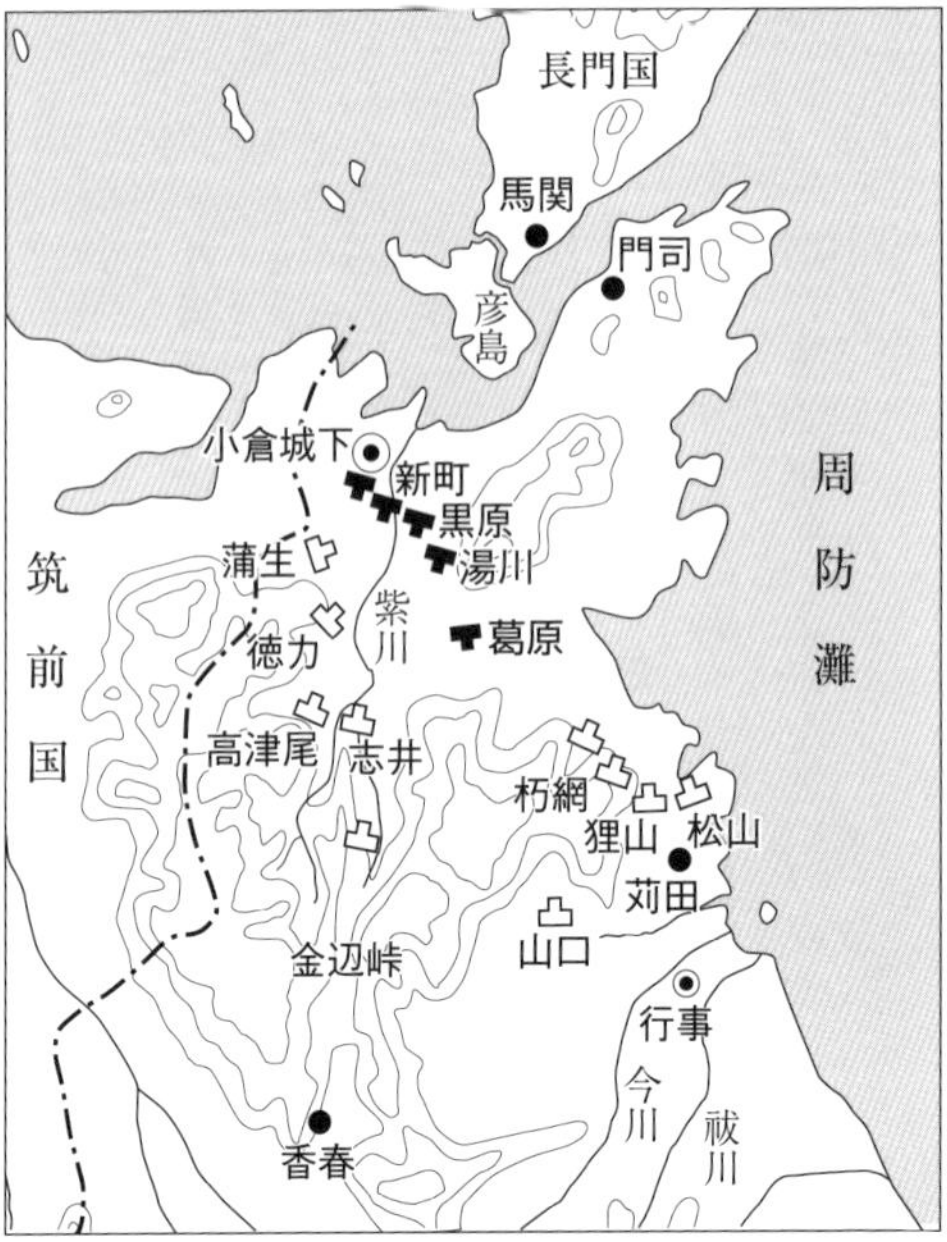

図3　小倉戦争対陣図（慶応２年８月時）
（参考資料：友石孝之「丙寅の役と京都郡」〔『合本美夜古文化』〕）

戦いには長野村の庄屋である松井安左衛門率いる農兵隊四十余人も加わっています。

小倉藩の思いがけない抵抗にあった長州藩は、下関帰休部隊三十六箇小隊すべてを前線に投入することを決めました。

八月十五日になって、狸山口小倉軍はようやく陣地を構築、雨窪村に本陣を置きました。本陣には総指揮の小宮民部以下、本陣備番頭の友松常助と富永潤之助が各五十人を率い、小笠原八左衛門と平井小左衛門がそれぞれ三十人隊の隊長となりました。四番備・中野一学が雨窪出鼻、朽網に六番備・小笠原織衛、後詰として山口村に小笠原若狭が布陣しました。

また、松山浜手には農兵郷筒隊を配置しました。隊長として花見中之助、奈倉徳右衛門、広瀬徳次郎、中村幸之助が任命されました。松山苅田辺には大森藤兵衛と次島完蔵指揮の農兵各三十人が布陣しました。その他、南原村に兵站部《へいたん》（小荷駄方）を置き、郡代の杉生募は遊軍となりました。

「豊倉記事」（『豊前叢書』）によると、十六日には次のような法令を発しています。

一　毎朝正七つ時（午前四時ごろ）関門の処に於て　大砲一声相図次第　何れの手も銘々持場に相揃候事

但追々夜明に相成り敵方動静見切相済候後　差図次第見切の者残し置き　余は宿陣にて休息致し候事

十一日以降、局地的な小競り合い程度で膠着《こうちゃく》していた戦線が、八月十七日に動きました。長州軍が再び狸山を攻撃してきたのです。長州軍は兵を三つに分け、進んできました。街道を通る本隊は福田俠平《きょうへい》、時山直八が率いる奇兵隊二箇小隊と厚狭毛利家一箇小隊です。奇兵隊の一部は山手を迂回、さらに長府報国隊が曽根の千間《せんげん》土手から松山へと進みました。

本隊は狸山口を攻めかけましたが、接近しすぎて反撃にあい、混乱に陥りました。

山手の部隊は朽網の奥に入りすぎ、小笠原鬼角の部隊に背後から攻撃される失態を演じました。海側を進んだ報国隊は船を用意していた前田重助の隊に海上から攻撃され、苦戦しました。

午後二時ごろ、長州軍は総崩れとなり退却しました。

小倉藩勝利の報は京都平野を駆けめぐり、八月一日以来、不安に慄《おのの》いていた民衆に歓喜と安堵を与えました。村上仏山も当日の日記に「郡地老若男女勝軍之噂ヲ聞。歓喜舞無限。陣中御見舞献上之品　狸山エ絡之由」と書いています。また、『国作手永大庄屋御用日記』にも「今日之戦争ハ身方言語之勝軍」、「至極喜敷」とあります。

敗北した長州軍も衝撃を受け、湯川、葛原、ショウケ山（足立山の東側麓）に陣地を再構築しました。そして、曽根付近の民家をことごとく焼き払いました。

『国作手永大庄屋御用日記』によると、八月二十日に、「狸山御台場築立」のため、人夫と鍬、鎌などを今晩中に差し出すよう求められています。また、草鞋千足を納めたことも記されています。翌二十一日には、布団合計百枚の供出を仲津郡の各手永に割り当てられ、さらに、「狸山御陣所詰め」として京都郡、仲津郡からそれぞれ子供役、庄屋、方頭ら十人が駆り出されています。まさに、総力戦となったのです。

地元の岡崎伝左衛門の日記の内容に興味が集まりますが、七月二十七日から八月二十五日まで何も書かれていません。そのことが、苅田地域が戦場であったことを何よりも物語っています。

二十八日、東口と西口の両軍が示し合わせて、長州軍に総攻撃をかけることになりました。小倉への攻撃を目指す島村志津摩を援護するために、湯川以南の敵を引き付けておく必要があったのです。

狸山の東口軍は三手に分かれました。総大将小宮民部自らが本陣の兵を率い、街道を北上しました。四番手中野一学、五番備小笠原鬼角、六番備小笠原織衛は山手に迂回し、田原から東谷の石田方面に向かいました。

もう一手は海を使いました。小笠原八郎左衛門、平井小左衛門、黒部彦十郎に、船手方前田重助、近習鉄砲組山崎蔀《しとみ》らの部隊が松山麓の黒崎の浜から小舟に便乗し、対岸の井ノ浦に上陸しました。下吉田の裏山を越えて、ショウケ山陣地を本隊と挟み撃ちにする計画でしたが、道に迷って間に合いませんでした。結果的にこの日の作戦は奏功しませんでしたが、西口軍が城野から片野まで攻め込むための援護の役割は果たしました。

三十日、松山沖に長州軍艦が現れ、苅田村、浜町村を砲撃しました。

九月九日には、島村志津摩率いる西口の前線部隊が小倉城下に突入。長州軍が退却した隙をついて城に入り、本丸に隠してあった重要書類を奪還しました。

十二日、上曽根村に陣を張る狸山口の前線部隊と長州軍の間で戦闘が行われましたが、以後、一進一退の攻防が続き、大きな戦闘にはなりませんでした。

九月下旬になり、小倉口以外の戦線で止戦がなり、長州藩は他方面の兵力を小倉口に投入したため、徐々に小倉軍は押され始めました。

従軍兵士の藤田弘策は十月二日の「日誌」（『福岡県史資料』）に次のように記しています。

布団ノ給与アリ。但三人ニ一枚宛。是ヨリ前、寒夜ハ莚ヲ夜具トス。時トシテ農事ノ為メ、莚ヲ奪ハルル事アリテ、大ニ苦ム事間々アリ。此時衣服ハ小倉退去ノ儘ニテ、余カ服スルモノ単胴短袴ノミ

また、食事については「米飯ト梅干、或ハ胡麻塩ノ他ナシ」と書いています。

十月二日は新暦では十一月中旬であり、補給のない小倉軍は寒さと空腹で苦しんでいたのでした。

六　二崎の志津摩桜

戦いの継続が困難と判断した小倉藩はついに十月十一日、止戦の申し入れを行いました。

翌慶応三年（一八六七）一月十六日、両藩の和議が成立しました。講和の条件として、企救郡は長州藩の管轄となり、占領が継続されました。

十月二十一日、島村志津摩が金辺峠を退去しました。翌二十二日、狸山峠でも台場を取り崩し、関門を長州軍に引き渡しました。

ここに小倉藩の戦いは終えたのです。

後に、山県有朋は「懐旧記事」で次のように述べています。

その忠節を幕府に尽くすに至りては、当時ただ一の小倉あるのみ。その城塁はすでに焼かれ、その領地は侵害せられたるも、なお死力を尽くして塁世の幕恩に報い、勢い尽き計窮して以てここに至れること、実に義を重んじる挙動なりと謂うべし。他日、徳川幕府のために史を修むる者あらば、これを大書特筆して可なり。

（『小倉藩家老島村志津摩』の読み下し文を引用）

また、『防長回天史』には次のように記されています。

島村志津摩金辺口の主脳となり、小宮民部狸山の主脳となり、我が兵火を交ふ。倉兵剽悍しばしば我が守備線内に出没して善く戦ふ。我が奇兵隊等の精鋭を以てして、猶戦の不利なること一にして足らず。

剽悍《ひょうかん》として戦った小倉兵。特に農兵は意味も分からず、戦場に駆り出されて辛酸をなめましたが、小倉城炎上後の戦いには目的を見出したのではないでしょうか。「自分たちのかけがえのない故郷を自分たちで守る」という目的です。その思いを胸に、地の利を活かしたゲリラ戦を展開しました。しかし、歴史の大きな流れの勢いには抗う術がなかったのです。

敵側から高い評価を得た小倉藩の戦いですが、今では知っている人も多くはないでしょう。多くの歴史書は小倉城自焼で終わっているのです。

長州との講和がなり、企救郡を失った小倉藩は、慶応三年三月、香春お茶屋に藩庁を置き、香春藩と称しました。

狸山の陣を離れた小宮民部は家老職を退き、仲津郡崎山村（みやこ町）の庄屋宅に仮寓して、以後、藩議には参加しなかったといいます。

十月十五日、将軍徳川慶喜は大政奉還を行いましたが、岩倉具視《ともみ》、大久保利通、木戸孝允《たかよし》ら討幕派は王政復古のクーデターを起こし、翌慶応四年（一八六八）一月、薩長軍は鳥羽・伏見で旧幕府軍を破りました。江戸の無血開城後、戊辰戦争は東北、箱館へと展開していきました。

長州藩と最後まで戦争状態にあった小倉藩（香春藩）も、新政府の要請に応じて、東北遠征に出兵しました。平井小左衛門隊を先頭に約千人が奥羽各地を転戦しました。「出征兵士の防寒具の費用の捻出に苦慮するほどの財政難」（『角川日本地名大辞典』）の中、新時代のバスに乗り遅れないための、藩の存亡をかけての出兵でした。

明治元年（一八六八）九月、会津藩が降伏して大勢は決しました。翌二年一月に平井小左衛門隊は奥州から帰還しました。慶応二年から始まった小倉藩の戦いがようやく終わったのです。

明治二年（一八六九）一月二十一日には薩・長・土・肥四藩の藩主が版籍奉還の上表を行い、ほとんどの藩がこれに続きました。しかし、混乱の極みであった香春藩は出願が遅れ、明治政府から命令を受けて出願するありさまでした。十月、香春藩は仲津郡錦原に藩庁を建設して移りました。藩庁の場所選定に当たっては、前年十一月に城地選定のための藩士による投票を行って決定していました。明治三年（一八七〇）一月十二日からは「豊津藩」と称することになりました。

明治四年（一八七一）七月、明治新政府は廃藩置県を宣言し、旧藩主の藩知事に東京在住を命じました。旧豊津藩主、小笠原忠忱《ただのぶ》（豊千代丸）は七月五日、藩知事の職を解かれ、九月十九日、沓尾港から乗船して東京へ去りました。ここに幕末の動乱を生き抜いた「小倉藩」は名実ともに消えたのでした。

各藩はそのまま県となり、豊津藩も豊津県に変わりました。十一月には中津県、千束県、日田県が管轄していた企救郡が合わさって小倉県となり、足早に明治の新体制に移行していきました。さらに、小倉県は福岡県に吸収され、このとき、下毛郡と宇佐郡は大分県に組み込まれました。

長い歴史を紡いできた豊前国が二つに分割されたのです。

物語も終わりに近づきました。

最後に小宮民部と島村志津摩のその後を追ってみましょう。

小宮民部。狸山においては総大将として奮戦したものの、城を勝手に焼いたとの悪名を払拭することはできませんでした。慶応三年五月十四日、小宮民部に対して、「政事筋不取計」のかどで隠居謹慎が命じられた。

この沙汰の背景を白石壽氏は『小倉藩家老島村志津摩』の中で、次のように分析しています。

一つには、藩士たちが香春に移ってからの生活の苦しさが、小倉時代の追慕となり、小倉城自焼の責任を追及する家中の声を藩政府が抑えきれなかったこと、二つには、譜代藩として、あくまで幕府に殉じていこうとする民部の姿勢が、長州との講和成立後、朝廷寄りの政策に転換しようとしていた藩の動きと相容れなかったこと。

小宮民部は明治二年十一月二十九日、仲津郡木井馬場村で小倉城自焼の責任をかぶって切腹しました。享年四十七歳。

辞世が残されています。

わが君の御代としなりて思ふこと
　亡き身にものを思ふころかな

島村志津摩。金辺峠を拠点に農兵を率いて長州藩に対し果敢にゲリラ戦を挑んだ男は、峠を明け渡した直後の慶応二年十二月、戦後処理を懇願されて家老職に復帰しました。翌年十一月には辞任したものの、香春藩が家老制を廃止して執政職制度に切り替えた明治元年十二月、初代の執政に就任しました。

志津摩桜（苅田町二崎）

しかし、翌年十月にはこれも辞職し、隠棲してしまいます。隠棲場所は現苅田町の京都郡二崎《ふたさき》でした。二先《ふたさき》山の麓の小さな集落です。『京都郡誌』には「寛文二年（一六六二）、和泉国春木村庄左衛門等四名この地に来り、海浜の荒無地を拓き、当地の農民に」なったとあります。

今、二先山の地先は埋め立てられ、日産自動車九州工場が広がっていますが、当時は松山と同様で海に突き出た岬でした。島村志津摩の隠棲場所はその付根部分、二崎神社の近く、天神池の山側にあったといわれています。

島村志津摩はこの地で静かに暮らし、明治九年（一八七六）八月十八日（新暦）に病没したと伝えられています。二崎の墓地に埋葬されましたが、明治二十八年（一八九五）十月、小笠原家の菩提寺である福聚寺に改葬されました。

島村志津摩ゆかりのものは二崎には何もありません。ただ、屋敷跡の近くに一本の桜が植わっています。樹齢二百年といわれています。志津摩も愛《め》でたであろう桜は、「志津摩桜」と呼ばれています。

第三章　近代「港」の物語

海岸移動――九州屈指の国際貿易港建設

序——遠い白浪

享和二年（一八〇二）、尾張の商人・菱屋平七は旅の途中、中津街道を歩いて苅田に入り、街道沿いの苅田宿に泊まりました。旅日記「筑紫紀行」（『中津街道』）に次のように書いています。

浜辺にて人家六十軒計あり。多くは漁者農夫なり。宿屋少うして問屋場に本陣を兼たる林田五郎左衛門といふ人の家に宿る。座敷広々として縁先より見渡せば、周防灘の白浪残る所なく望中にあり。

宿屋の縁側から見ると、目の前に海が横たわり、白波が寄せ返していたのです。

当時、苅田宿はもちろん、中津街道自体が海岸線に沿って延びていました。

しかし、平七が間近に見た「白浪」を今、その場所から見ることはできません。海岸線は、埋め立てによって、はるか遠くになってしまったのです。

茹田の海は遠浅で、瀬戸内海に面しているため、浪静かです。このため、明治時代に大規模な干拓が行われて塩田が広がりました。昭和になってからは、港が建設され、合わせて埋め立てにより広大な工業用地が造成されました。

茹田地域の近代史は、海岸線が沖へと移動していく物語なのです。

一　塩田の開発

江戸時代は元禄のころ、瀬戸内海沿岸で入浜《いりはま》式塩田が発達しました。入浜式とは、自然浜に堤防を築き、潮の干満差を利用して塩田に原料の海水を引き込み、塩田内に引かれた溝を通って海水がひろがり、毛細管現象によって砂の表面に塩の結晶を付着させる方法です。人力で潮水を汲み上げる従来の揚浜《あげはま》式に対して、飛躍的に効率がよくなり、大規模な塩田経営が成立しました。

瀬戸内海を囲む十州（播磨、備前、備中、備後、安芸、周防、長門、阿波、讃岐、伊予）の塩が全国に移出され、市場を席巻しました。いわゆる「十州塩」です。

入浜式塩田はなぜ、瀬戸内海で発達したのでしょうか。その理由を「塩製秘録」（『三田尻塩業の歴史』）には次のように記しています。

瀬戸内の徳は、沖に四国・九州・淡路島ありて、瀬戸ある故に、津波とて大きなる高潮満る事稀なり、又浪ばたばたとせはしけれど、大浪うたず。潮丈余ある故に、海開作なる。依て瀬戸内塩浜多し。唐海引受けの国々は潮の満干すくなく、常に高浪打つゆへに海開作ならぬ故、皆揚浜なり。

内海であるために浪が小さく、また、干満の差が大きいことが入浜式の条件であることを述べています。

さて、豊前国です。周防灘に面していながら、十州には入っていません。豊前国、特に苅田地域の製塩の状況はどうだったのでしょうか。

『大日本塩業全書』の熊本塩務局小波瀬出張所の項には、小波瀬村の沿革として、次のように記されています。

塩田ノ創始ハ口碑ノ伝フル所ニヨレハ遠ク数百年前ヨリ開ケタルモノナルモ其当時ハ今

日ノ如ク完全ナル塩田ノ体面ヲ存スルモノナク只海辺ヨリ潮水ヲ採収シテ之レヲ煎熬《せんごう》（塩水を煮つめて食塩を析出すること――引用者注）シ塩トナス。

元和八年（一六二二）に細川藩が作成した「小倉藩人畜改帳」の中に、苅田村に「塩売り四十一戸」という記載があります。「塩売り」が「製塩」とは断定できませんが、近隣の村にはほとんど塩売りがいないことから、この地域が何らかの形で製塩に関わっていた可能性があります。

『福岡県史資料』の「小倉藩租税法」によると、与原村で享保年間（一七一六〜三五）に塩田が成立したとあります。

『京都郡誌』によると、行事村の玉江彦右衛門（飴屋）などの出資による「仲津郡の撫育金《ぶいくきん》」を使って、「与原新開」（面積二十町、そのうち塩田七町）を開発したとあります。

安政三年（一八五六）、新津手永大庄屋時代の『中村平左衛門日記』に次のように書かれています。

与原村庄屋来ル、同村塩浜元文年中帳面・演説書の控差出候、当時相納候見掛畝壱丁と申ハ、限て其坪と申も相定り不申、壱人前五反ツツと相定り候時も有之候処、其塩焼追々断絶、元文の頃ハ弐人ならてハ居不申ニ付、両人分ニて壱町と申ニ相成候よし書付ニ相見候事。

与原村では少なくとも元文年間（一七三六〜四〇）以前に製塩が行われていたことは間違いありませんが、徐々に廃れていったことが推測できます。

こうしたいくつかの史料を総合的に判断しますと、苅田地域では近世の初めには小規模ながらも製塩が行われており、享保、元文のころに与原村を中心に盛んになりましたが、その後、廃れたまま幕末を迎えたということになります。

中村平左衛門が編纂した『郡典私志』には「御領内塩浜ある所ハ、曽根三ヶ村、築城郡松江・有安也」とあり、苅田地域の地名は出てきません。また、嘉永七年（一八五四）、津田手永大庄屋時代の『中村平左衛門日記』に曽根地域の塩について説明している箇所があります。そこには、「三曽根」（上曽根村、中曽根村、下曽根村）の「出来立」は、嘉永四年が一六〇〇〇石、嘉永五年が一八〇〇〇石、嘉永六年が二五〇〇〇石と記されています。藩として何らかの支援があったかどうかは分かりませんが、生産量が非常に伸びているのは興味深いところです。

苅田地域の塩田は幕末になって大きく動きます。井場《いば》川以北の地先が干拓され、「苅田新開」と呼ばれました。『京都郡誌』によると、当時、久保手永大庄屋であった久保七右衛門が藩の許可を得て郡事業として行ったもので、面積は六十三町、明治九年（一八七六）に民間に払い下げられたとあります。

久保七右衛門は本名が末松で、第二章で書いたように、島村志津摩の指示で帳面検査の京都郡吟味役を務めた男です。明治になって末松房澄と名乗ります。ちなみに、『防長回天史』を編纂した末松謙澄は房澄の子どもです。

干拓事業に取り組む理由を、『京都郡誌』の「末松房澄事跡報告」には次のように書いています。

> 苅田は郡の北端に位し、天下公道の宿駅なりし、人戸数に比し、田畑僅少にして専ら農業に従事する能はず、漁塩の業も、亦微々たるものにして、多数は貧困倭屋の一寒村にして、人馬の継立は勿論、往来旅客の休宿にも、困難な情況なりしを慨歎し、七右衛門率先、藩廷の許可を受け、文久元年冬起工、慶応二年に至り、五ケ年にして大凡竣成したり。

一方、『日本塩業大系』には、「慶応二年企救郡を長州藩に占領され、全塩田を失った小倉藩が全村民を動員して造成したもの」で、四十七町九反の塩田を経営させたとあります。「末松房澄事蹟報告」と『日本塩業大系』の記述には矛盾がありますが、慶応二年の小倉戦争に敗れて、企救郡を長州藩に占領された小倉藩にとって、曽根地域から塩が入らなくなって、苅田新開の重要性が急に増したことは間違いありません。

「苅田塩田図」(みやこ町歴史民俗博物館蔵)には、苅田新開を一番から七十一番に細分し、番ごとに「人別割渡人名」が書かれています。一つの番にだいたい十人の名前が書かれており、計算上は七百人程度が塩業に従事したことになります。

しかし、『福岡県統計書』によると、明治十四年(一八八一)の京都郡の塩田面積は三町五反でしかなく、計画面積四十七町九反の一割にも満たない数字です。一方、同書の企救郡は七十七町六反とあります。苅田新開の塩業も当初から順調に進んだわけではなかったようです。

次に開発されたのが通称「毛利新開」です。『京都郡誌』によると、明治十一年(一八七八)に柏木勘八郎、草野円治、福島甚六、進祐造、小野快蔵ら地元の資産家が計画して、与原村白石海岸を中心に干拓、明治十七年(一八八四)に完成したとあります。新開地の面積は五十七町四反で、うち塩田は五十町九反となっています。なお、柏木勘八郎以下の所有者はのちに毛利家に売り渡したことから、「毛利新開」と呼ばれたといわれています。戦国時代にも幕末にも深い関わりのあった毛利氏と明治になっても接点があるのは感慨深いものがあります。『福岡県統計書』によると、明治二十二年（一八八九）の京都郡（そのほとんどが苅田地域）の塩田面積は八十町四反と激増しており、企救郡（曽根地域・七十七町六反）より多くなっています。苅田新開と毛利新開の計画面積を合わせると約百町となり、その八割が塩田として機能していたことになります。このように、苅田地域の塩業は苅田・毛利新開の開発によって、明治十年代後半から二十年代前半にかけて、急激に本格的な産業として成立したと考え

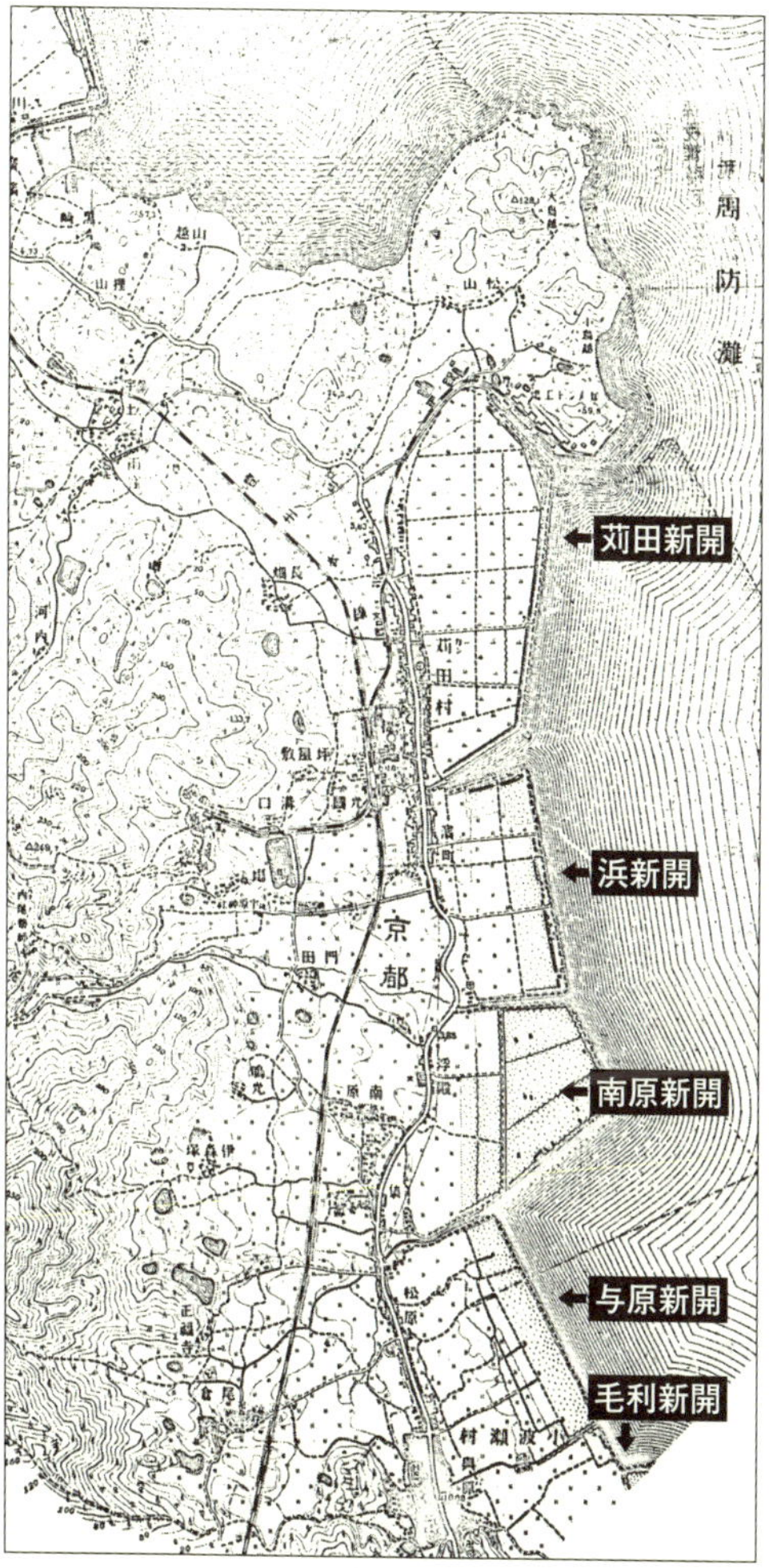

図 4　新開位置図
（地図は陸軍参謀本部陸地測量部，1922年〔大正11〕測図より。参考資料：『軌跡かんだの歴史』）

ることができます。

明治二十二年四月、明治の大合併により、苅田村、小波瀬《おばせ》村、白川村が発足しました。苅田村は雨窪、松山、苅田、提《ひさげ》、光国、浜町、馬場、南原《みなみばる》、集《あつまり》、尾倉の十か村が合併したもので、当時の人口は三三八五人。小波瀬村は与原《よばる》、新津《あらつ》、下片島、上片島、岡崎、下新津、二崎の七か村で人口は約二六七三人。白川村は稲光、葛川、鋤崎、黒添、法正寺《ほうしょうじ》、谷、山口の七か村で人口約二一八一人です。

また、明治二十九年（一八九六）四月には、京都郡と仲津郡が合併して新しい京都郡になりました。ちなみに、郡は大正十年（一九二一）の「郡制廃止ニ関スル法律」により行政機関ではなくなり、郡長、郡役所も廃止されて、単なる地名になりました。

苅田村では、その後も干拓事業が進められました。

明治二十八年（一八九五）に「浜新開」が完成しました。井場川を隔てて、苅田新開の南側、殿川までの間に、三十七町が埋め立てられ、十二町の塩田ができました。

明治三十五年（一九〇二）には殿川以南、近衛川以北に四十二町が埋め立てられ、「南原新開」と呼ばれました。塩田面積は三十町でした。

この結果、明治末期には北から「苅田新開」（井場川以北）、「浜新開」（井場川から殿川まで）、「南原新開」（殿川から近衛川まで）、「毛利新開」（近衛川以南、白石海岸）と続き、苅田地域の海岸線は、松山を除き、ほぼ新開・塩田の帯で占められることになったのです。

『京都郡誌』のデータを集計すると、開発された新開地の総面積は二一九町で、そのうち百六十町が塩田であったことになります。

「陸軍参謀本部陸地測量部」の測図を参考にすれば、干拓によって苅田地域の海岸線は三〇〇メートルから五〇〇メートルほど沖に移ったことが分かります。

苅田地域は福岡県内最大の製塩地帯となりました。明治三十六年（一九〇三）の資料（『日本塩業大系』付表）によると、小波瀬村の生産高は約三万二〇〇〇石で、福岡県内では津屋崎村に次ぐ二位で、苅田村も約一万八〇〇〇石で三位となっています。小波瀬・苅田両村の生産高は福岡県全体（推計約一二万二〇〇〇石）の四割を超えています。

この他、小波瀬村「毛利新開」の地先に、大分県人によって「大分新開」の開発が明治二十八年（一八九五）から断続的に試みられましたが、「資力に乏しく、終に成功するに至らず」（『京都郡誌』）に、明治三十五年、工事が中断され、埋立免許も取り消されました。なお、「大分新開」の埋め立ては戦後になって再開され、小波瀬臨海工業用地となります。

明治三十八年（一九〇五）六月に塩専売法が施行され、塩の流通・販売は政府が独占するようになりました。これは、日露戦争の戦費調達や輸入塩に対する国内塩業の保護を意図したものといわれています。生産塩は製造者の自家用塩を除く全量を、政府が製造者に賠償金を支払って収納し、独占販売を行いました。この制度により、製塩企業は「極端な利益を得る機会は失うが、生産塩の売れ残りや価格の暴落による損失をこうむることはなくなり、収益の保証された安定企業」（『塩の日本史』）となったのでした。

専売制度の導入に伴い、大蔵省の地方組織である塩務局が各地に設置されました。福岡県は熊本塩務局の管轄となり、このうち、京都郡、築上郡と、企救郡の一部などを管轄する小波瀬出張所が明治三十八年四月一日、小波瀬村与原に設置されました。ちなみに熊本塩務局の福岡県内の出張所は小波瀬の他には津屋崎にあるだけでした。

塩務局小波瀬出張所（山内公二氏提供）

出張所には赤レンガの塩倉庫が五、六棟建っていたといわれ、現在でも正門の片方が残っています。

『大日本塩業全書』によると、小波瀬村塩田に十六、苅田村塩田に十五の釜があり、両村の製塩業者は「与原塩業組合」を結成し、品質改良、検査などを行いました。

小波瀬村の渡辺時義氏（明治三十四年生まれ）は手記に、「塩仲買業者の出入りがはげしく、活気にあふれていた。それに伴って種々の業者、商店、さては小料理屋までが出来て、夜おそくまで三味線の音がひびき、町をつくり、にぎわった」と書いています。
しかし、塩田の作業は重労働でした。宮崎亨氏は「苅田町与原下区の民俗」（『郷土誌かんだ』）で、製塩業に従事していた古老から次のように聴き取りをしています。

塩田すなわち田に海水を引き込み、四～五日間天日に乾かす。そうして牛を使ってモウガ（馬鍬）で、この田を縦横に掻く。そうすると土が白くなって塩分が残る。それからその白い土をエブリでコミという一間四角で深さ一尺二、三寸の箱に入れ、それに海水をかけて土を通過する。通過した水は下の溜桶にたまる。これを鹹水《カンスイ》と呼ぶ。このカン水を塩浜という塩を焚く小屋に送る。これまでの作業を「浜もち」と呼び、働く人を「浜子」という。（中略）女は入れる仕事、男は運ぶ仕事をする。炎天下の仕事なので重労働である。

『京都郡誌』には、次のような俗謡が記録されています。

嫁に行くとも与原にゃ行くな、昼は浜持夜塩焚く

二　塩尻法の謎

大正時代の小波瀬村の塩田を撮影したといわれる写真があります。山のように積んだ盛土が写っています。これは入浜式塩田の工程からは説明できない光景です。

『大日本塩業全書』の小波瀬出張所の項には、「大浜仕掛」と「小浜仕掛」という二つの方法があったことが書かれています。

「大浜仕掛」については、「塩田ノ周囲ニハ溝渠ヲ廻ラシ海水ヲ通過セシム」とあるように、明らかに入浜式塩田のことです。

一方、「小浜仕掛」については、全く様相を異にします。まず、「溝渠」については、「小浜仕掛ノ塩田ニアリテハ其ノ周囲ニ少シク海水ノ通過スル位ニ窪マシメタル所アリト雖溝渠ト云フ程ニモアラス」とあります。「大浜仕掛」（入浜式塩田）には存在しないものが「鹹砂《かんしゃ》（塩が付着した砂）貯蔵装置」です。「採取セシ鹹砂ハ凡テ台場に運搬シ漸次堆積シテ山ヲ成ス」もので、「台場」の面積は「四間四方」程度で、高さは「塩田面ヨリ三尺若シクハ二尺」とあります。山積みされた鹹砂は「雨露ヲ防クカ為ニ苫《とま》ヲ以テ之レヲ覆フ晴天ノ日ハ苫ヲ去リテ日光ニ曝《さら》ス」とあり、さらに、「木鍬ニテ切リ落シ其附近ニ装置シアル沼井《ぬい》」に入れるとありま

塩尻法製塩作業風景
（山内公二氏提供）

す。

この鹹砂を貯蔵するという方法は、塩田成立以前の原始的な製法なのです。鹹砂の山は「塩尻」と呼ばれており、この製法は「塩尻法」と呼ばれています。

『伊勢物語』に、富士山の描写として「比叡の山を二十ばかり重ねあげたらんほどして、なりは塩尻のようになんありける」という文章が出てくるように、塩尻法は平安時代にはすでに行われていたと考えられます。

もう一度、写真を見てください。台場の高さは、写っている人物と比較しても、一メートル程度だと推測できます。『大日本塩業全書』にある台場の高さ二尺から三尺、つまり六〇センチから九〇センチと符合するのです。

幕末に中村平左衛門が編纂した『郡典私志』の中で、「塩浜」について、「塩土を積立置、其土をたらして水にする所を台といふ」という記述があります。明らかに、塩尻法の描写です。少なくとも、江戸時代、曽根地域では塩尻法が行われていたことは間違いないようです。

この塩尻法は歴史的にみて、塩田の成立とともに消滅していきますが、この地域に限って、入浜式塩田が作られた後も、一部が入浜系の塩尻法として大正期まで残っていたことになるのです。

『大日本塩業全書』の中でも、この製法についての記載は小波瀬出張所以外の項ではほとんど見当たりません。

『日本製塩技術史の研究』は「入浜系塩尻法とは（中略）中世伊勢の採鹹法につながるものと推定され、しかもそれが明治期まで豊前に『鹹砂貯蔵法』と名付けられて残存していた」と説明しています。

では、大規模干拓により入浜式塩田が整備された後も、なぜ、苅田地域でこうした旧式の製法が生き残っていたのでしょうか。残念ながら、現状ではその背景を解説できる史料はありません。

専売制には当初、日露戦争の軍費確保という目的がありましたが、安い輸入塩に対抗するため価格の低廉化を迫られ、明治四十三年（一九一〇）から翌年にかけて、採算性の低い塩田の整理（第一次塩業整備）が行われました。福岡県でも津屋崎をはじめとしたほとんどの塩田が廃止されましたが、苅田村・小波瀬村と曽根地域の塩田は存続しました。

しかし、その後も製塩設備の改良による生産性の向上、台湾や中国関東州の塩田開発による輸入塩の増大で、塩の供給が過剰となり、昭和四年（一九二九）から翌年にかけて第二次塩業整備が断行されました。福岡県では一五七町のうち一一五町と、実に七割の塩田が廃止されてしまいました。小波瀬村、曽根地域の塩田も廃止され、苅田町（大正十三年に町制施行）のみがかろうじて生き残りました。その一部は戦後まで残りましたが、昭和三十年代には、完全に姿を消しました。

三　石灰石をめぐる企業進出

塩田開発により明治時代に動いた海岸線は、大正時代になってからは、セメント産業の影響を受けることになります。

塩田が遠浅の海という地形的特徴に起因しているのに対し、大正時代は海岸近くの山（苅田鉱床）が石灰石を内包しているという地質的要因により、大きく変容を遂げていくことになります。

セメント産業の進出という物語に入る前に、明治時代の苅田地域に塩田以外に大きな二つの変化があったことをお話ししておきましょう。

一つは鉄道が敷かれ、苅田駅が開設したことです。日本の鉄道の始まりが明治五年（一八七二）に新橋―品川間の開通であることは有名ですが、九州の鉄道敷設は明治二十年代に

下関要塞司令部により検閲・修正された神ノ島（松田恵司氏撮影）

なってからでした。明治二十一年（一八八八）に発足した民間の鉄道会社・九州鉄道が翌二十二年に博多－千歳川間を開通させたのが最初で、明治二十四年（一八九一）に門司－熊本間が全通しました。明治二十八年（一八九五）になって、小倉－行事間が開通。途中、城野駅とともに苅田駅が開設しました。なお、鉄道は明治四十年（一九〇七）の鉄道国有法により国鉄となりました。

もう一つは、苅田地域の一部が下関要塞地帯に組み込まれたことです。明治政府は国土防衛のため、関門海峡を挟む下関と門司地区に重点的に砲台を建設し、下関要塞司令部を設置しました。これは東京港湾要塞司令部とともに全国に先駆けて設置されたものです。苅田駅が開通したのと同じ明治二十八年のことです。明治三十二年（一八九九）には要塞地帯法が成立しました。「水陸の形状又ハ施設物ノ状況」（同法七条）を無断で測量・撮影・模写することを禁止する法律で、苅田駅付近以北がこの適用区域に入りました。つまり、要塞司令部の許可なしに、写真撮影や地図作成ができなくなりました。

下関要塞地帯に組み込まれたことは関門海峡が近い故で、戦国時代の門司城攻防戦や幕末の小倉戦争に巻き込まれたのと同様、地理的な要因が深くのしかかっていると感じずにはいられません。

大正三年（一九一四）、第一次世界大戦が勃発、翌年から大戦景気により、セメント需要が大幅な伸びを示しました。

門司白木崎《しらきざき》で明治二十六年（一八九三）からセメント工場を運営していた浅野セメントは、恒見《つねみ》の石灰石山から原料を調達していましたが、生産量の増大により、新たな石灰石山が必要になりました。

大正五年（一九一六）四月、当時の苅田村提地内に採石所を開設しました。採掘された石灰石は鉄道を使って門司工場へ運ばれました。

一方、大正七年（一九一八）、豊国セメントが設立され、苅田村大字苅田、松山の麓に工場が建設されました。苅田地域にとって、初めての企業進出です。

豊国セメント設立に動いたのは、苅田村出身で当時、東洋特殊煉瓦の社長をしていた小畑秀吉でした。小畑は、佐賀県有田で帝国窯業を共同で経営していた辻清を通じて、深川喜次郎、伊丹弥太郎という、いわゆる佐賀財閥の面々を経営に参画させました。

深川・伊丹は、当時、佐賀セメント（明治三十年四月設立）を経営していましたが、「品質も悪く、その経営も順調でなかつた為に、豊国セメントを佐賀セメントの姉妹会社として誕生させ、当面の窮状を打開する意図」（「豊国セメント史」〔『美夜古文化』〕）があったといわれています。

豊国セメントの設立総会は大正七年十二月十一日、佐賀市公会堂で開催され、深川喜次郎が取締役社長に就任、伊丹弥太郎が相談役となりました。役員、株主ともに佐賀セメントと多くが重複しており、苅田関係では小畑秀吉のみが取締役につきました。同社は本店を門司市大字門司湊町に置いたため、工場は苅田にありながら「門司工場」と呼ばれました。

大正九年（一九二〇）五月、工場の一号窯に火が入れられ、操業を開始しました。原料となる石灰石は、小畑が会社設立前に買収していた同村雨窪の石灰石山で採掘しました。

当初、採掘した石灰石を工場まで鉄道で運ぶ計画であり、採掘場近くの長畑《ながばたけ》から苅田駅間と、苅田駅より日豊本線沿いに約一キロ北上した地点から工場まで引き込むための「専用軌道敷設のための測量願」が大正八年（一九一九）六月十四日、下関要塞司令官に提出されました。しかし、地元の反対もあって用地買収に行きづまり、結局、工場―苅田駅間のみが許可されました。

このため、石灰石の運搬については、鉄道輸送をあきらめ、架空索道（空中ケーブル）による輸送を行うことになったのでした。

「豊国セメント史」によると、索道の全長は約一九〇〇メートルで、ケーブルの鉄線の直径は約二・六センチメートル。「欅《けやき》材又ハ之レニ類スル桁木」を「適当ナル箇所ニ建設」し、「受索輪ヲ装置シタル可鍛鉄整自動衝梁ヲ据付ク」とあります。また、ケーブルに吊るされて、原石を運搬する「鉄整搬器」は約九〇キログラムで、積載重量は約二五六キログラムでした。この「搬器」が約五五メートル間隔で吊り下げられて移動するもので、一時間当たりの最大輸送量は三〇トンでした。

この「架空索道」は、「始めの間は搬器がよく故障して止った。止った搬器に次々と搬器が突き当たって石灰石が搬器諸共落下する始末で、随分苦情が出たものである」と「豊国セメント史」に記されています。

第一次世界大戦終結後の大正九年（一九二〇）以降、景気は低迷、セメント業界も深刻な不況に襲われ、大正十一年（一九二二）から昭和にかけ、企業の合併や再編が続きました。豊国セメントも、大正十一年六月、名古屋セメント、佐賀セメントと合併し、新生・豊国セメントとなりました。合併後の豊国セメントは本社を東京市麹《こうじ》町区に置き、門司（苅田）、名古屋、佐賀に工場を持つ全国規模の企業となったのです。

十一月六日には、鉄道の工場への専用線が開通して専用貨車が工場に乗り入れることができるようになりました。

大正十三年（一九二四）に設立されたセメント連合会加盟十八社のうち、豊国セメントは、年間生産能力で浅野セメント（六七九万樽）、小野田セメント（二五六万樽）に続く三番目（一三八万樽）に位置しています。

セメント産業にとって最も重要なものは、言うまでもなく原料となる石灰石です。原石を採掘する石灰石山を確保することが、企業にとっては死活問題です。全国各地で、石灰石山の買収を巡って、セメント会社間で熾烈な争いが起こりました。

苅田町でも採石所を持つ浅野セメントと、採石所と工場を持つ豊国セメントが、苅田町内の馬場地区にある新たな石灰石山の買収を巡り、地元民を巻き込んで激しく対立しました。大正十五年（一九二六）には、両社がそれぞれ数千人を動員して睨み合い、一触即発の事態となりました。この騒動は「石山事件」と呼ばれています。

『行橋警察署75年史』は、この事件を次のように伝えています。

大正十五年八月から苅田商事会社の和田又八郎らは豊国セメント会社の内意を受け、同町馬場区共有の石灰石山十二町歩を買受ける交渉をはじめたが、同年十一月二十三日その価格が七万六千円と七万八千円との主張の食違いから交渉は不調に終った。そこで浅野セメント会社は馬場区の広瀬典正、重谷源愛、守中治太郎、守中重次の四名を仲介として同区の山十六町歩を買受ける交渉の話がまとまった。

しかし和田氏らはまだ売買契約は継続中であるのに、なんの通知もなく買受けたのは不都合であると広瀬氏をなじり、十二月三日同町駅前達磨屋旅館で会見の際「郷土のセメント事業を見捨て、石灰山を全国的独占しようとする浅野の野望の走狗となるのはケシからぬ」と豊国側の林芳太郎らは広瀬をなぐって、おどし、浅野側の買収契約を解消、豊国側六分、浅野側四分の割合で買受けることに契約を改訂した。

このとき豊国側の「実力行使」を警戒して浅野は万一に備え会社の息のかかった親分格や若い衆を北九州一帯から約一万人を用意。豊国側もまた六千人を集め応戦準備を整えて待機、警察側もこれらを騒じょう罪で検挙しようと手ぐすねをひき万全の態勢で、それぞれ三者三様の立場から激しいつばぜり合いを演じた。


この争いは仲裁が入って最悪の事態は免れ、両社の共有ということで決着しましたが、両社はその後も法廷を舞台に裁判合戦を展開、終止符が打たれたのは四年後でした。

豊国セメントの工場進出は、塩業や農漁業だけの寒村であった苅田村の様相を一変させました。豊国セメントの社員は創業当時約二五〇人、職工を入れると四百人を超えていたと推測されます。このため、人口が急増し、大正十三年（一九二四）八月一日、町制を施行し、苅田町となりました。苅田村発足当時の明治二十二年（一八八九）の人口は三三八五人でしたが、国勢調査によると、大正九年（一九二〇）には四六八五人、大正十四年（一九二五）には六〇二四人となっており、五年で二八・五％も増加しています。同調査による小波瀬村が七・九％、白川村が三・二％の増加にとどまっているのと比較しても、工場進出の影響の大きさが分かります。

工場進出の余波は苅田駅の呼び名にまで及びました。「豊国セメント苅田工場ができ、乗降客がふえて駅の名前が有名になると、『字の発音どおりでないと分かりにくい』『東京の神田と混同しやすい』などという国鉄側の理由」（『軌跡かんだの歴史』）で、大正七年（一九一八）十月十六日に苅田駅の呼称が「かんだ」から「かりた」に変えられました。この影響は強く、苅田町も「かりたまち」と誤読されるようになりました。町議会などが国鉄に陳情して昭和三十四年（一九五九）に、もとの「かんだ」駅に戻しています。

昭和六年（一九三一）の満州事変勃発以降、中国大陸の需要が増大したため、門司（苅田）工場も設備を拡張し、増産を続けました。『日本セメント産業史』によれば、昭和七年（一九三二）の月産生産能力は約一万八〇〇〇トンなのに対し、昭和十年（一九三五）には約四万トンとなっています。

しかし、昭和十二年（一九三七）七月、日中事変が起きると、政府は軍事に直結する産業育成を優先するようになり、九月の臨時資金調整法の融資順位の取り扱いで、セメント産業は「戦時不急産業」として丙種にランクされたため資金不足となり、また、石炭配給の割当も減らされたため、生産は伸びなやみました。

さらに、戦火が中国大陸全土に拡がると、政府は重要産業団体令によって企業整備を始めました。企業の合併が相次ぎ、太平洋戦争開戦直後の昭和十六年（一九四一）十二月二十六日付で、豊国セメントも敦賀セメント・七尾セメントとともに磐城セメント（明治四十年、福島県四倉町で設立）に吸収されました。名古屋工場は閉鎖され、苅田工場のみが磐城セメント苅田工場として存続しました。

石灰石を求めるのはセメント産業だけではありませんでした。

昭和九年（一九三四）には、日本曹達《そうだ》の子会社である九州曹達が苅田町に進出してきました。日本曹達は、中野友礼《とものり》が率いる日曹コンツェルンの主力企業でした。中野友礼は電気分解による苛性ソーダ製法を自ら発明、その技術を基礎として大正九年（一九二〇）、日本曹達を設立しました。各種化学工業をはじめ、金属・鉄鋼、鉱業にまで拡大して日曹コンツェルンを形成していったのでした。

豊国セメントと九州曹達（苅田町教育委員会提供）

日曹や日産（鮎川義介）、日窒（野口遵《したごう》）、昭電（森矗昶《のぶてる》）などのコンツェルンは、明治以来の旧財閥（三井、三菱、住友など）と区別して新興財閥と呼ばれました。新興財閥は、満州事変後の軍需景気にのり、軍部と結んで急速に膨張し、満州・朝鮮半島への進出を図っていきました。

九州曹達は昭和九年五月、資本金一千万円で創立され、苅田工場を豊国セメント工場の南隣、苅田新開に建設。昭和十一年（一九三六）八月からソーダ灰の製造を開始しました。しかし、製造方法は中野が発明した電解法ではなく、旧式のアンモニア法でした。『日本曹達工業史』によると、生産能力は日産一五〇トンでしたが、八～十二月の五か月間の実生産量は約六〇〇〇トンにとどまっています。

アンモニア法によるソーダ灰製造には原料として塩、石灰石、アンモニア、炭酸ガスが必要です。苅田町には塩、石灰石がありましたが、塩については、国内塩は「価格不廉、品質粗悪であるため工業用塩としては使用されない」（『日本曹達工業史』）ため、日曹進出と苅田塩田は特に関係がなかったと思われます。進出の背景としては、豊国セメントの進出により、石灰石採掘、鉄道輸送の整備が既にできていたことが大きかったと考えられます。

苅田工場は建設当初からトラブルが多く、また、原料塩の輸送費がかさみ、昭和十五年（一九四〇）の秋ごろから経営不振となりました。中野は原料塩確保をめざして中国・華北進出を図りましたが、主力融資銀行である興銀の反対で挫折、中野は日曹社長を退き、日曹コンツェルンは破綻に向かいました。失敗の原因としては、「ソーダ工業が比較的平和産業との結びつきが強く、戦時経済に適合できなかった」（『北九州市史』）面が考えられ、塩素の軍事的利用の面からアンモニア法に比べて電解法の方が有利になり、苅田工場の価値が低下したのでした。

こうした背景の中で、苅田工場は昭和十六年（一九四一）に閉鎖されました。

苅田工場が復活したのは、昭和十八年（一九四三）、陸海軍指定の軍需工場としてです。航空燃料の添加剤（四エチル鉛）などを生産する戦時体制に直結した工場となりました。陸軍と海軍がそれぞれ製造工場を作り、従業員も多いときには一五〇〇人いたといわれています。

四　苅田港の建設

苅田の海は遠浅の地形のため、塩田には適していましたが、港には適していませんでした。しかし、豊国セメント、浅野セメント、九州曹達にとっては、原料・製品の輸送が鉄道に限られていたため、大量輸送ができる港湾の整備が悲願でした。最初に苅田港を計画したのは豊国セメントです。大正十五（一九二六）年十月八日、公有海面埋立願を県知事に提出しました。

これに対し、浅野セメントも同年十一月十日に同様の出願を行いました。この時期はちょうど、石灰石山の買収をめぐって豊国セメントと浅野セメントが争う「石山事件」が進行中であり、公有埋立願が競願になったのも、両社の対立が影響していたのかもしれません。福岡県知事は浅野セメントの願書を却下し、豊国セメントの願書を昭和四年（一九二九）三月、内務大臣に稟議《りんぎ》しました。

内務省の許可が下りたのは三年後の昭和七年（一九三二）五月で、十二月には県知事の免許司令がありました。しかし、「命令書の条項に依り実施設計書を作製し、県庁に提出したが、願人との間に書簡の照復あり、更に県庁と内務省との間にも照復を重ね」（『苅田町誌』）ているうちに、昭和十一年（一九三六）一月二十五日、埋立免許が失効してしまいました。同年四月二十二日、県知事より免許の復活許可を得、七月、内務大臣に申請しましたが、内務省はこれを承認しない決定を下しました。こうして、出願から十一年の年月を費やしながら、計画は頓挫したのでした。

しかし、その一方で、内務省では国策としての計画が進められていたのです。それは、一セメント企業の意図をはるかに超えた構想でした。

昭和十一年七月十八日付の「福岡日日新聞」に「苅田港の国営改修、三百万円で五ヵ年計画」という見出しで次のような記事が掲載されています。

わが国工業の隆盛幷に日満貿易の殷盛に伴い、関門海峡通過の船舶は逐年激増し若松港よりの石炭搬出帆船の輻輳は航路に支障をきたすばかりでなく、石炭積出しにも多大な不便をもたらすため、其の緩和を図るべく内務省では地元セメント会社が計画せる苅田港の修築を国直轄事業として施行すべく計画し、改修費約三百万円を国策五ヵ年計画に計上した。（中略）計画の概要は苅田港内の浚渫と共に拡張を行い、防波堤を築造し此港から石炭積出船を神戸、大阪に直送すると共に苅田港沿岸に人為的な大工場を設置せんとするもので、実施の暁は苅田港は彗星的に大商港を現出し、又我国産業界に大なる貢献をもたらすものと注目している。

（『苅田町誌』より引用）

また、翌十二年一月二十日付の「福岡日日新聞」では、「石炭の汽船荷役を若松港に統一、帆船荷役は苅田港を改修して、洞海湾修築第二次計画」という見出しで、記事が書かれています。

新なる荷役港として苅田港を改修し、これに工費二千五百万円を以て大築港を行い、五十万坪の埋立には工場の誘致をなすはずで、同港には以上の船舶のほか五千トン級迄の荷役も可能として、これにより関西地方からの石炭需要を関門海峡を通過することなくして満足せしめようというわけで、県土木部で意見の取纏めを行なうと共に本省方面にも諒解を求めることになった。

（『苅田町誌』より引用）

同年五月二十四日と、六月二十三日には、港湾協会から苅田港視察団が派遣されてきました。

こうした状況の中、苅田町でも「政府及び県では苅田港を重要視して公営をもって修築せんとする情勢にあることが推察され、一方従来の会社出願によるものは到底実現の可能性が

苅田港起工式
（松田恵司氏撮影）

ないものと判断」（『苅田町誌』）し、企業による建設を断念、国策を受け入れる方向へ方針転換を行いました。

昭和十三年（一九三八）六月十五日の港湾協会第十一回通常総会で、苅田港計画が決議され、十月に閣議決定されました。

この計画は石炭三〇〇万トン、雑貨二〇万トンの取り扱い能力を持ち、機帆船による石炭輸送設備のある港湾建設の計画であり、将来的（第二期）には石炭七〇〇万トン、雑貨五〇万トンの取り扱いが可能で、六〇〇〇トン級の汽船の出入りが可能な港湾を目指す計画でした。

昭和十四年（一九三九）四月、内務省下関土木出張所苅田港修築事務所が開設されました。十一月六日、事務所内で起工式が挙行され、県知事をはじめ来賓五百名が出席して、式場前の井場川尻海面に「昭和十四年十一月六日　基石　内務大臣小原直」と彫られた「基石」を沈めました。このときの模様を『苅田港のあゆみ』は次のように書いています。

新開前面は干潟であり、この時間は潮がないので一部坪掘

昭和13年，護岸杭打
（松田恵司氏撮影）

りして海水を溜め落水時の水しぶきを期待していた。基石はレールに乗せたロープで支えてあり、そのロープが切られるとクス玉が割れ落水することになっていたが、途中で止まってしまったという。人が加勢して無事すべり落ち、新聞社が借りにきたほどの決定的瞬間が撮れたというエピソードが残っている。

初代の苅田港修築事務所長であった江口辰五郎は、当時の工事状況を『海を開いて50年』で次のように振り返っています。

従来苅田は何の港格もなく、小漁船が僅かに繋留されていたに過ぎず、国費で直轄工事として着工することは全国的にも全く前例のない事であった。支那事変も局地解決なく次第に戦争拡大の傾向にあったので、海軍の要望として関門海峡の安全航行を期するための緊急工事となった。

13年秋より現地の調査（潮汐観測やボーリングによる地質調査）を始めた。干満の差は約4メートル、地質は硬粘土、上部に砂層あり、昔より北九州地方の潮干狩の優れた場所

苅田港築港工事風景
(松田恵司氏撮影)

として山口県長府（対岸）と共に知られていた。従って新港計画の区域は大部分露出する状態であった。そのため着工の当初は人力で出来るだけ掘さくし、満潮時にプリストマン浚渫《しゅんせつ》船を導入、先ずその周囲を掘り、次にポンプ式浚渫船で直営作業をやったが、（中略）かなりの硬粘土で作業は甚だ困難であった。

防波堤は捨石堤であるが、石材は主として裏門司及び山口県秋穂より購入、一部は神ノ島より直営採取した。（中略）福岡県副知事を長として諸関係者（内務省、大蔵省、専売局、県、鉄道、その他地元）多数が集まり準戦時態勢で急速完成を要請されているものに対し協力組織が出来ていたので、作業衣、地下足袋、米、煙草等の特配を受け労務者を集めることが容易であった。

苅田に港を築く理由を『日本港湾修築史』は次のように書いています。

石炭の取り扱い数量が増加するにつれ若松港の設備は狭隘となり、又船舶に混雑を加うることになった。殊に石炭輸送に当たる小型船舶の数が増加し、之等が天候と潮流の模様をみて関門海峡を一時に通航するため、同海峡における汽船の通航に非常な障害を及ぼすこととなった。そこで対策として瀬戸内海側に石炭の積出施設をすることによってのみ、之等の問題を解決し得るのである。

また、計画に合わせて、昭和十六年（一九四一）度から都市計画事業苅田地区土地区画整理事業、翌年度から苅田臨海工業地帯造成事業が県営事業として開始されました。

土地区画整理事業は、昭和十六年度から六か年継続事業で、総工費は二三八万円。この計画は北は曽根町の一部、南は小波瀬村、行橋町・蓑島村・今元村を含む総合的計画のもとに行われるもので、苅田駅・集・雨窪付近を中心商業地区とした一大都市圏の建設が構想されていたのです。

苅田臨海工業地帯造成事業は昭和十七年度から七か年継続事業で、造成費は三千万円。陸軍や大手企業の進出が計画されていたといわれています。

工事は昭和十五年（一九四〇）五月に北防波堤工事、翌十六年三月に東防波堤工事、三号物揚場工事に着手しました。

しかし、昭和十七年（一九四二）八月二十七日の台風16号（周防灘台風）により港湾建設現場は大きな被害を受けました。『福岡の気象百年』には苅田港修築事務所長・江口辰五郎の談話が載っています。

工事事務所内は床上にて膝迄没する程度となり、修築中の港湾工事は防波堤の決潰、土砂の流失、船舶の損害を合算するに60万円に及ぶ。沿岸の堤防も決潰し付近の水田一帯は泥田と化し五〜六年間は稲作不能ならん。

国策として急いでいた工事が、この台風で大打撃を受け、計画が頓挫したことは想像に難くありません。

さらに、太平洋戦争の戦局が悪化、計画は大幅に遅れました。桟橋と岸壁の一部が昭和十九年（一九四四）八月三十日、かろうじて竣工し、機帆船による石炭の積み出しが始まりました。

臨海工業地帯造成事業は、工事の遅れで、埋め立てるべき浚渫土砂がなく、造成できませんでした。

五　国際貿易港と臨海工業用地

昭和二十年（一九四五）八月十五日、日本政府はポツダム宣言を受け入れ、太平洋戦争が終結しました。

終戦により苅田港の計画もすべて凍結されました。その他の計画も同様です。一大都市圏構想は幻となりました。

しかし、昭和二十三年（一九四八）になると、政府の予算配分も戦災復興から社会資本の整備へ重点が移り、苅田港に関する事業も徐々に再開され、同年三月には物揚場の一部が完成しました。

こうした早期の再開の背景としては、戦後復興に石炭が不可欠であり、筑豊炭の出炭量の増大に伴い、新たな石炭積出港の必要性が高まったことがあげられます。

日本曹達は昭和二十四年（一九四九）十二月、過度経済力集中排除法の適用を受け、日豊化学工業、新日本曹達、日曹炭鉱、日曹製鋼の四社に分割され、九州工場は日豊化学工業苅田工場となりましたが、昭和二十八年（一九五三）八月、事業が休止され、閉鎖されました。

豊国セメントは昭和二十三年三月、磐城セメントから分離し、豊国セメント苅田工場に戻

昭和22年の港湾
（国土地理院撮影）

りました。昭和四十八年（一九七三）には合併により三菱鉱業セメント（現三菱マテリアル）となっています。

土地区画整理事業も計画区域を縮小して再開され、昭和三十五年（一九六〇）三月に事業が完了しました。

苅田港は昭和二十五年（一九五〇）五月三十一日に施行された港湾法を受け、翌二十六年一月、重要港湾に指定されました。さらに八月には、神戸港や横浜港と同格の準特定重要港湾にも指定されました。

昭和二十六年度にマイナス三メートル物揚場、昭和二十七年度にマイナス四・五メートル岸壁が完成しました。昭和十四年に始まった苅田港建設がようやく実現したのでした。

港湾の整備と並行して臨海工業用地の造成が進められました。

昭和二十七年（一九五二）から、九州電力が運輸省第四港湾建設局に委託して苅田港地先を埋め立てて苅田発電所の建設を始めました。

昭和三十年（一九五五）一月一日、苅田町、小波瀬村、白川村が合併して、新しい苅田町が誕生しました。当時の人口は旧苅田町が一万四〇〇九人、小波瀬村が四三四二人、白川村が二三三六人、計二万六八七人でした。

ただし、新しい苅田町はすんなり誕生したわけではありません。

昭和二十五年に福岡県が示した最初の合併案は、苅田町は現状のまま、小波瀬村は行橋町、延永村、今元村、泉村、蓑島村と合併、白川村は椿市《つばきいち》村と合併する案となっていました。

昭和二十八年の京都郡合併促進審議会の試案は、苅田町と小波瀬村が合併、白川村は椿市・諫山《いさやま》両村との合併となっていました。

しかし、各町村にはそれぞれ異なった思惑がありました。『福岡県市町村合併史』によると、苅田町は「苅田港を中心とする経済基盤の強化」の観点から小波瀬村、白川村、延永村、椿市村との合併を希望、小波瀬村は「地理的関係」から行橋町、苅田町との合併、白川村は「組合立中学校及び地理的関係」から延永村、椿市村との合併をそれぞれ模索していました。

結果的に、苅田町、小波瀬村、白川村と合併に決まりましたが、小波瀬村には生活圏が同じ行橋町との合併を望む住民も多く、反対運動が起こりました。『行橋警察75年史』は、合併騒動を次のように描いています。

二十九年十一月、行橋市合併を主張する小波瀬村片島校区と二崎区住民の約八割は同十八日夜開かれた村議会で、五名退場による満場一致で苅田ブロック合併と議決されたことを不満とし、校区民の意向を無視したと二十一、二の両日約二百名がノボリ、鉢巻姿にムシロ旗まで押立て、オート三輪、自転車に分乗したデモ隊が同村長、助役、議長宅に押かけ、議会の修正決議を要望して村役場前に坐り込むという事態が起った。

また、『福岡県市町村合併史』でも次のように書かれています。

こうした緊迫した空気のなかにも、着々と合併事務は進められ、十二月二日県議会は、三ヶ町村の議決を行った。このことは、ひどく合併反対派を刺戟し、険悪な情勢となったため、京都地方事務所は、あらゆる方策を講じて、事態収拾に努めたが、遂に解決の糸口が見当らなかった。そこで十二月四日、小波瀬村議会は、全員協議会を開いて、「新町発足後、行橋市へ境界変更の努力をする」旨の覚書を作成し、合併反対派に手交した。

新生苅田町が誕生し、町長選挙も行われましたが、反対派の一部は合併を受け入れず、独自に村長選挙を実施し、小波瀬村を継続しようとする強硬手段に出ました。円満解決には二年の月日を要しました。

今では、苅田町があることが当たり前ですが、もし、合併の組み合わせが別のものになっていたら、この『豊前国苅田歴史物語』は生まれることはなかったでしょう。豊玉姫の物語も陽の目を見なかったかもしれません。


昭和三十一年(一九五六)、九州電力苅田発電所が発電を開始しました。我が国最初の再燃式ユニットシステムを採用し、「我が国の火力発電技術を世界水準まで引き上げる基礎」(『軌跡かんだの歴史』)となる画期的な事業でした。

昭和三十四年(一九五九)には、発電所の南側海面の埋め立てが県事業として始められました。苅田港の浚渫によって出た土砂と発電所から出る灰を埋め立て、昭和三十九年(一九六四)、苅田臨海工業用地(一号地・約一五〇ヘクタール)が完成しました。ここに同年、宇部興産と麻生産業(現麻生ラファージュセメント)の二社がセメント工場を建設しました。

また、明治時代に「大分新開」として計画されていた与原地先の干拓が、昭和三十九年から県事業として再開され、昭和四十七年(一九七二)、小波瀬臨海工業用地(約二〇〇ヘクタール）が完成しました。当初の計画から実に八十年を経ての完成でした。
昭和四十三年（一九六八）四月一日、苅田港が国際貿易港に指定されました。それまで、苅田港の設備は一万トン級船舶の出入りも可能でしたが、国際貿易港の指定がなかったため、外国船が直接入港できず、工業地帯の発展を阻害していました。十七日には門司税関苅田出張所が開所しました。

小波瀬臨海工業用地には、昭和四十九年（一九七四）、日産自動車（現日産自動車九州）が進出を決めました。当時、九州での候補地は他に鞍手郡宮田町、大分県豊後高田市などがありましたが、『軌跡かんだの歴史』によると、苅田に決定した背景には次のような要因がありました。
①電力・工業用水が豊富
②隣接して苅田港があり、東南アジア向け輸出港として便利
③北九州に近く交通条件が便利
④労働力の確保が他の二地域に比べ容易
⑤地元の協力体制
九州工場が建設され、昭和五十一年（一九七六）、ダットサントラックが生産されました。九州で生産された初めての自動車でした。翌五十二年からは、九州工場で生産された自動車

が、苅田港から海外へ積み出されていきました。昭和五十七年（一九八二）からは「シルビア」「ガゼール」といった乗用車も生産されるようになりました。

日産自動車の操業により、苅田港の貿易額は飛躍的に増大し、九州屈指の港に成長しました。

昭和五十四年（一九七九）には松山工業用地（約五五ヘクタール）が完成しました。海に突き出ていた松山城跡が周囲を埋め立てられたのでした。

昭和六十一年（一九八六）には苅田臨海工業用地二号地（約一六六ヘクタール）が完成し、日産自動車の新工場や専用埠頭が建設されました。

平成七年（一九九五）には、松山工業用地の地先に新松山地区用地の埋立が始まり、現在も続いています。

順調に進む港湾と工業用地の整備でしたが、平成十二年（二〇〇〇）になって、負の遺産に悩まされることになります。航路工事の潜水探査作業中に海底で爆発物が発見されたのです。海上自衛隊で調査した結果、化学兵器禁止条約の「老朽化した化学兵器」にあたる化学弾（毒ガス弾）であることが分かりました。この化学弾は「苅田港より七キロ離れた旧東京第二陸軍造兵廠《ぞうへいしょう》曽根兵器製造所（北九州市小倉南区）のものと見られ、米軍の進駐に先立ち、旧陸軍が投下用毒ガス弾約四千四百発を廃棄した」（『軌跡かんだの歴史』）といわれています。当時は

苅田町全景（苅田町提供）

沖に捨てたつもりだったのでしょうが、港湾の整備が進んだゆえに発見されたという歴史の皮肉です。

平成十五年（二〇〇三）に新松山地区に化学弾の無害化処理施設が建設され、処理が行われました。

平成十七年（二〇〇五）には、松山工業団地でトヨタ自動車九州のエンジン工場が操業を始めました。苅田町は日産とトヨタという二大自動車メーカーが操業する自動車産業の一大拠点となったのです。

工業用地が埋め立てられるたびに、苅田町の海岸線は沖へと延びていきました。旧中津街道から小波瀬工業用地の先端までは約三キロあります。

明治時代の塩田のための干拓と戦後の工業用地造成を合わせただけで約八〇〇ヘクタールの陸地が出現したことになります。これは現在の苅田町の面積の約二割にもなるのです。

六　離　陸――新しい物語の始まり

新しい陸地の出現は工業用地だけではありませんでした。沖合いに新しい「島」ができていったのです。

昭和五十二年（一九七七）七月、土砂処分場として建設が始まりました。関門海峡や新門司・苅田港の浚渫で出る土砂を処分するための人工島で、着工当初は公園緑地や環境開発実験場の用地として計画されていましたが、実際にはここに空港を造ろうという構想が持ち上がっていたのです。

当時の北九州空港（北九州市小倉南区曽根）は昭和十九年（一九四四）に陸軍が建設した曽根飛行場が前身です。三方を山に囲まれた敵から見えにくい場所に造られたといわれています。滑走路が一五〇〇メートルしかなく、プロペラ機しか離着陸できない状態であり、新空港の建設が早くから望まれていました。

昭和五十六年（一九八一）、国の第四次空港整備計画五か年計画に新北九州空港建設が新規事業として採択されました。自衛隊築城基地などとの空域調整や漁業補償など多くの課題を解決し、着工されたのは平成六年（一九九四）でした。約二キロメートルの連絡橋が建設され、苅田町の陸地と繋がりました。この連絡橋は建設当時、通行無料の橋としては全国一の長さでした。

空港島は面積約一六〇ヘクタール。明治時代に開発された塩田の面積とほぼ同じ広さです。平成十八年（二〇〇六）三月十六日午前七時過ぎ、スターフライヤー七二便の黒い機体が小雨の煙る滑走路を東京羽田空港へ向け離陸しました。新北九州空港開港の瞬間です。

空港開港により、海岸線の移動という二次元の世界から、立体的な三次元の世界へと、物語の舞台が変化していこうとしています。

参考文献

◆序　章

『郷土のものがたり』福岡県広報室、一九七二年
天野義重『応永戦覧』美夜古文化懇話会、一九七五年
宇都宮泰長編『豊前路の民話と伝説』鵬和出版、一九八〇年
『福岡県史　近世史料編　御當家末書(上)』福岡県、一九八三年
京築民話の会編『ものがたり京築』葦書房、一九八四年
『中津街道』豊前の街道をゆく会、二〇〇〇年
長嶺正秀『筑紫政権からヤマト政権へ――豊前石塚山古墳』新泉社、二〇〇五年
京築の会編『京築を歩く』海鳥社、二〇〇五年

◆第1章

「豊前国古城記」(『福岡県郷土叢書』有吉憲彰編纂、東西文化社、一九三一年)
「小倉藩人畜改帳」(東京大学史料編纂所編『大日本近世史料』東京大学出版会、一九五七年)
近藤清石『大内氏実録』マツノ書店、一九七四年
金子堅太郎『黒田如水伝』博文館、一九七六年
『太宰管内志』防長史料出版社、一九七八年
香川正矩『陰徳太平記』教育社、一九八〇年
『古文書用語辞典』柏書房、一九八三年
渡辺世祐監修『毛利元就卿伝』マツノ書店、一九八四年
貝原益軒『黒田家譜』文献出版、一九八四年
村谷正隆『海賊史の旅――村上水軍盛衰記』海鳥社、一九九〇年
芥川龍男『豊後大友一族』新人物往来社、一九九〇年
申叔舟(田中健夫訳注)『海東諸国紀』岩波文庫、

一九九一年
『苅田町文化財調査報告書 第18集 豊前國松山城跡』苅田町、一九九三年
河合正治編『毛利元就のすべて』新人物往来社、一九九六年
三浦明彦『黒田如水』西日本新聞社、一九九六年
利重 忠『元就と毛利両川』海鳥社、一九九七年
八木田謙『北九州戦国史』今井書店、一九九九年
松田毅一・川崎桃太訳『完訳 フロイス日本史』中公文庫、二〇〇〇年
吉永正春『九州戦国の武将たち』海鳥社、二〇〇〇年
渡辺克己『豊後の武将と合戦』大分合同新聞社、二〇〇〇年
吉永正春『筑前戦国争乱』海鳥社、二〇〇二年
吉永正春『九州のキリシタン大名』海鳥社、二〇〇四年
八木田謙『北九州戦国史史料集』今井書店、二〇〇四年
山内 譲『瀬戸内の海賊』講談社、二〇〇五年
八木田謙『北九州戦国史余話――毛利元就と門司城』今井書店、二〇〇六年
『行橋市史 中巻』行橋市、二〇〇六年
『行橋市史 資料編中世』行橋市、二〇〇六年
山本浩樹『西国の戦国合戦』(戦争の日本史 12)吉川弘文館、二〇〇七年
本山一城『黒田軍団』宮帯出版社、二〇〇八年
吉永正春『筑前戦国史』海鳥社、二〇〇九年
福岡県の城郭刊行会編『福岡県の城郭』銀山書房、二〇〇九年
光成準治『関ヶ原前夜――西軍大名たちの戦い』NHK出版、二〇〇九年
長野 悠『豊前長野氏史話』今井書店、二〇一〇年
『大内氏館跡 XI』(山口市埋蔵文化財調査報告書101集)山口市教育委員会、二〇一〇年

松岡久人『大内氏の研究』清文堂、二〇一一年
小和田哲男『黒田如水』ミネルヴァ書房、二〇一二年
アクロス福岡文化誌編纂委員会編『福岡県の名城』海鳥社、二〇一三年
『九州の戦国』大分県立歴史博物館、二〇一四年
米原正義『大内義隆』戎光祥出版、二〇一四年
恵良 宏「中世の北部九州の歴史」(『郷土誌かんだ』12号、かんだ郷土史研究会、二〇一四年)
『戦国大名——九州の群雄とアジアの波濤』九州国立博物館、二〇一五年

◆第2章

徳見光三『長府藩報国隊史』長門地方史料研究所、一九六六年
山県有朋「懐旧記事」(『幕末維新史料叢書 5』新人物往来社、一九六九年)
友石孝之「丙寅の役と京都郡」(『合本美夜古文化』第一集、美夜古文化懇話会、一九七一年)
『鎮西の風雪』陸上自衛隊第四師団服務講習所、一九七三年
佐野経彦『豊国戦記』防長史料出版社、一九七七年
宇都宮泰長『維新の礎——小倉藩と戊辰戦争』鵬和出版、一九七八年
『豊前国仲津郡国作手永大庄屋御用日記』福岡県文化会館、一九七八年
末松謙澄『防長回天史』柏書房、一九八〇年
広瀬正美知「一揆と稲荷山甚五郎」(『郷土誌かんだ』4号、かんだ郷土史研究会、一九八〇年)
渡邊晴見『豊前地方誌』葦書房、一九八一年
松島義方・松井清良「豊倉記事」(『豊前叢書 一巻』国書刊行会、一九八一年)
内山円治「小倉戦史」(同前『豊前叢書 一巻』)
「小倉藩知行録」(『豊前叢書 五巻』国書刊行会、一九八一年)

米津三郎「幕末・維新期における小倉藩」（『九州と明治維新 2』国書刊行会、一九八五年）
竹内理三編『角川日本地名第辞典 40 福岡県』角川書店、一九八八年
村上直編『江戸幕府八王子千人同心』雄山閣、一九八八年
古賀武夫『村上仏山を巡る人々――幕末豊前の農村社会』（私家版）一九九〇年
『北九州市史 近世』北九州市、一九九〇年
『福岡県史 近世史料編 細川小倉藩㈠』福岡県、一九九〇年
『中村平左衛門日記』北九州市立歴史博物館、一九九二年
米津三郎『小倉藩史余滴』海鳥社、一九九五年
白石 壽『小倉藩家老 島村志津摩』海鳥社、二〇〇一年
一坂太郎『長州奇兵隊』中公新書、二〇〇二年
一坂太郎『松蔭と晋作の志』KKベストセラーズ、二〇〇五年
『慶応二年岡崎伝左衛門御用日記』（『かんだ古文書調査報告書 第六集』かんだ郷土史研究会、二〇〇五年）
野口武彦『長州戦争』中公新書、二〇〇六年
清原芳治『豊前豊後の幕末維新騒乱』大分合同新聞社、二〇〇七年
土井重人『大庄屋走る』海鳥社、二〇〇七年
一坂太郎『山県有朋の奇兵隊戦記』洋泉社、二〇一三年
三宅紹宣『幕長戦争』吉川弘文館、二〇一三年

◆第3章

『大日本塩業全書』大蔵省主税局、一九〇五年
『福岡県案内』第十三回九州沖縄八県連合共進会福岡県協賛会、一九一〇年
庄司 務『日本曹達工業史』曹達晒粉同業会、一九三八年

運輸省港湾局編『日本港湾修築史』港湾協会、一九五一年
北原護敏編『行橋警察署75年史』行橋京都地区防犯組合連合会、一九五七年
永田四郎『日本セメント産業史』建設文化社、一九五七年
『詳説福岡県議会史』福岡県議会、一九五七年
『福岡県市町村合併史』福岡県、一九六二年
北原護敏「明治の町村合併」(『合本美夜古文化』第一集、美夜古文化懇話会、一九七一年)
山内公二「行橋地方鉄道発達年表」(同前『合本美夜古文化』第一集)
中村天邨「豊国セメント史」(『合本美夜古文化』第二集、美夜古文化懇話会、一九八一年)
『日本塩業大系 近代』日本専売公社、一九八二年
廣山堯道『日本製塩技術史の研究』雄山閣出版、一九八三年
『日本の石灰石』石灰石鉱業協会、一九八三年
『苅田港のあゆみ』福岡県苅田港務所、一九八三年
宮崎 享「苅田町与原下区の民俗」(『郷土誌かんだ』5号、かんだ郷土史研究会、一九八四年)
『海を拓いて50年』運輸省第四港湾建設局苅田港湾工事事務所、一九八九年
廣山堯道『塩の日本史』雄山閣出版、一九九〇年
『福岡の気象百年』福岡管区気象台、一九九〇年
中村平左衛門(永尾正剛編)『郡典私志』小倉藩政史研究会、一九九二年
『北九州市史 産業経済Ⅱ』北九州市、一九九二年
石邊唯雄『かんだ産業展開誌——立地をひらく骨太なリーダー達』三原晴正発行、一九九三年
『福岡県戦後50年の歩み』福岡県、一九九五年
重枝慎三『三田尻塩業の歴史』防府市立防府図書館、一九九八年
『苅田港の軌跡60年』運輸省第四港湾建設局苅田港湾工事事務所、一九九九年
「筑紫紀行」(『中津街道』豊前の街道をゆく会、二

〇〇〇年）
『四建九十年の歩み』運輸省第四港湾建設局、二〇〇〇年
原　剛『明治期国家防衛史』錦正社、二〇〇二年
小野剛史「塩田から港湾へ」（『郷土誌かんだ』11号、かんだ郷土史研究会、二〇〇七年）

◆全　般

伊東尾四郎『京都郡誌』美夜古文化懇話会編、一九五四年
『苅田町誌』苅田町、一九七〇年
『福岡県史資料』福岡県、一九七二年
『豊前市史』豊前市、一九九一年
『犀川町誌』（旧）犀川町、一九九四年
川添昭二他編『福岡県の歴史』山川出版社、一九九七年
豊田寛三他編『大分県の歴史』山川出版社、一九九七年
小川国治編『山口県の歴史』山川出版社、一九九八年
『豊津町史』（旧）豊津町、一九九八年
『合併50周年記念誌　軌跡かんだの歴史』苅田町、二〇〇五年
『築城町誌』（旧）築城町、二〇〇六年

※各文書については、『行橋市史資料編中世』、『北九州戦国史史料集』、『苅田町文化財調査報告書第18集　豊前國松山城跡』から引用しました。

あとがき

『豊前国苅田歴史物語』を出版するという物語の始まりは、今から三十数年前に遡ります。

私は苅田町役場に就職して二年後、広報担当に配属されました。月二回発行の広報紙を編集することが主な仕事です。当時を振り返ると、隔世の感を覚えます。露出計が内蔵されていないフィルム・カメラを片手に取材し、枚数を気にしながらシャッターを押していた日々。原稿用紙に鉛筆で執筆し、何度も丸めた用紙を屑かごに投げ入れた日々。レイアウト用紙の行数を数えながら、半ば勘で記事を割り付けた日々。先輩の満江修一さん、後藤雅博さんの薫陶を受け、夢中で取り組みました。

そのまま広報に居ついてしまいました。他部署に異動することがあってもすぐに舞い戻ってきました。どうやら、他では使い物にならなかったようです。

戻ってくるたびに新しい世界と格闘しなければなりませんでした。カメラはデジタルとなり、執筆、編集もＤＴＰといってコンピュータを使うようになりました。

広報担当は様々な分野の取材をします。その中の一つが「歴史」でした。ふるさとの歴史をシリーズで書いたことが何度かありました。しかし、それは数々の興味ある分野の一つにすぎませんでした。

平成十四年、大きな仕事が持ち上がりました。三年後の苅田町合併五十周年を記念して、苅田の歴史を一冊にまとめて出版するという企画です。しかし、編集期間はわずか三年。私は、歴史資料館に勤務していた長嶺正秀さん、植田規容子さんとチームを組んで、記念誌編集に取り組みました。

三年間の悪戦苦闘を、私は苅田町合併50周年記念誌『軌跡かんだの歴史』のあとがきに次のように書きました。

近隣市町村が故郷の歴史をまとめた市町村史を次々と上梓するたびに、「苅田町にも町史を！」という声を聞いてきた。

合併50周年記念事業という機会を得て、記念誌編纂事業がスタートしたのは二〇〇二年五月であった。当初、「町史」を考えたが、体制を整え、専門家に原稿を依頼するには、時間も予算も足りなかった。そこで、意を決して、執筆、編集は町職員二名とかんだ郷土史研究会事務局員の植田のみで行うこととし、町の歴史を概観する『軌跡かんだの歴史』の出版を決めた。

前文化財担当・長嶺の実績がベースとなった「古代史」以外は、ゼロからのスタートであった。中学校の歴史の教科書を読むところから始めた。勤務時間中は本来の業務を優先させるため、執筆は自宅で深夜に及ぶことも珍しくなかった。貴重な史料を発見しながら、解読する時間がなく、本書で紹介できなかったものも多い。

それでも、何とか時間との競争を制し、出版にこぎつけることができた。専門家の立場から読むと不備な点も多いと思うが、上記の事情を斟酌していただき、ご容赦願いたい。

これが、私と「歴史」との本格的な出会いでした。

編集を終わった私の周囲には、集めただけで未整理の史料が散在していました。特に、収集しただけで、時間切れで使えなかった史料が、「俺をどうするつもりだ」と睨んできます。個人的に、暇を見て、少しずつ整理していきました。また、研究活動も細々と続けました。かんだ郷土史研究会に入会し、会員発表や機関紙への執筆にも取り組みました。

その活動の中で、二人の偉大な先輩の存在を知りました。一人は小川七郎氏（本名石邊唯雄）。苅田町助役を務めながら、幕末の小倉戦争を描いた「甲冑焼却」（社会奉仕光華園）や『豊前史の残照』（鵬和出版）など、数多くの歴史小説やエッセイを執筆しています。

もう一人は村谷正隆氏。県議会議員を務めながら、村上水軍の研究を続け、『村上水軍史考』（西日本新聞社）や『水軍史の女性たち』（ライオンズマガジン社）などの水軍関連本を出版しています。

生前のお二人には面識がありましたが、それは助役、県議という肩書き故で、一人の人間としてこうした文化活動をしていることを当時の私は知りませんでした。社会人として激務をこなしながら、郷土史の活動に取り組まれていたお二人に尊敬の念を抱きます。しかし、時の流れは残酷で、お二方の著作は図書館の郷土史料コーナーの片隅で逼塞しています。

こんなことなら、生前にお話を伺っておればと悔やまれます。ただ、今回の出版によって、お二人の功績を引き継ぐことができたのではないかと密かに自負しています。

記念誌発行から三年後の平成二十年。苅田町が観光振興計画を策定したことを知りました。計画書を読んでみると、基本施策の中に、「心に響く苅田物語の作成」が掲げられています。

これは、私の仕事かもしれないと直感しました。これまでの経験から、史実の中から物語の種を集めて、芽吹き、開花を促す役割を果たせるのではないかと思いました。しかし、当時、私は別の部署にいたので、直感はリアリティを持ち得ませんでした。

ところが、四年後、教育委員会に異動になり、「歴史担当」になりました。

どうも、私の人生は「歴史」と悪縁があるのかなと思いました。考えてみれば、中学生時代、司馬遼太郎を夢中で読んでいました。その頃から何か運命付けられたものがあるのかなあ、と思っています。

個人的に取り組んでいたことが再び仕事の一環となりました。記念誌編集で時間切れだった部分を再び本気で調査するとともに、「物語」を意識して、新たに史料を集め始めました。

そのうち、十数年の研究の成果を一冊の本にしたい、との思いが少しずつ募ってきました。役場生活も残り少なくなり、その大半を広報担当と歴史担当に費やした身としては、退職する前に、集大成として本にまとめて、後輩に伝えていく使命があるのではないかと思えてきました。最終年に「還暦出版」するのが一番自然ではないかと思いました。とはいっても、日々雑事に追われ、それは「将来の夢」に過ぎませんでした。

NHK大河ドラマによる黒田官兵衛ブームに追われ、松山城と官兵衛の関係を調査していた平成二十六年の秋、私は職場の健康診断で目の異状を指摘されました。専門医に行くと、手術が必要と言われました。肉体には自信があった私には、これまで受けたことのない衝撃でした。

別に生命に異状がある話ではないのですが、手術を待つ間、珍しく人生について考えました。

自分は八十歳くらいまでは生きるだろうと思っていました。しかし、何の根拠もないことに気付きました。すでに自分の同級生で鬼籍に入った人が何人もいます。明日死ぬようなことがあっても、もやは、そんなに驚かれない年になったのです。

本を出そうと思いました。「将来の夢」の将来とは今のことです。もはや「そのうち」という選択肢はないと思いました。今すぐ、取り掛かろうと思いました。還暦記念を一年早めることにしました。

幸い、術後の経過もよく、書き散らかしていた原稿をまとめ、新たに加筆し、『豊前国苅田歴史物語』を産むことができました。

本の内容は、可能な限り一次資料を使い、史実に沿ったものにしています。しかし、これは学術論文ではありません。あくまで「物語」への架け橋です。これは広報担当として長く務めた自分として譲れないスタンスだと思っています。ですから、最終的には物語性の有無で掲載の可否を判断しました。

広報担当・歴史担当としての責任は果たせたかなと思いますが、出版にはもう一つの意味が込められています。

それは、「苅田」の呪縛からの解放です。私は苅田町職員ですから、仕事では徹底的に苅田にこだわってきました。しかし、現在の苅田町の歴史は六十年しかなく、苅田にとらわれるのは歴史の本質からはずれる恐れがあります。現代の行政の境界からは自由でなければなりません。最低でも豊前国という視点は必要です。

ですから、この本を最後に、苅田へのこだわりを捨てようと思います。苅田から自由になれば、むしろ生き生きとした苅田の物語が書けるかもしれません。

本を出してほっとしている暇はありません。これはゴールではないのです。スタートの号砲にすぎないのです。

最後に、郷土史研究の師匠であり、折に触れ、貴重なアドバイスをいただいた美夜古郷土史学校の山内公二さん、出版へ背中を押してくれた、『田舎日記・一文一筆』(花乱社)の作者である光畑浩治さんに心よりお礼を申し上げます。お二人とも、行橋市役所の元広報担当者です。これも何かの因縁でしょうか。また、花乱社の別府大悟さん、宇野道子さんには企画、構成、校正などに熱心に取り組んでいただき、心より感謝申し上げます。

小野剛史

小野剛史（おの・たけし）　1956年，福岡県京都郡犀川町（現みやこ町）に生まれる。福岡県立豊津高等学校（現育徳館高等学校），熊本大学卒業。苅田町職員となり，長い間，広報を担当。苅田町合併50周年記念誌『軌跡かんだの歴史』（2005年）を編集・執筆。2014年４月，苅田町教育委員会に新設された「まちの歴史担当」に就任。共著に『京築を歩く』（海鳥社），『田川・京築の歴史』（郷土出版社）など。美夜古郷土史学校，かんだ郷土史研究会，苅田山城研究会の会員。

豊前《ぶぜん》国《こく》苅田《かんだ》歴史《れきし》物語《ものがたり》

❖

2016年１月７日　第１刷発行

❖

著　者　小野剛史

発行者　別府大悟

発行所　合同会社花乱社

〒810-0073 福岡市中央区舞鶴 1-6-13-405

電話 092（781）7550　FAX 092（781）7555

印刷・製本　有限会社九州コンピュータ印刷

［定価はカバーに表示］

ISBN978-4-905327-52-3